練心

李崇建與雨果幼兒園的薩提爾教育實踐

ICEBERG
THEORY

李崇建、林文煌 ——— 著

推薦序

多麼美的書，多麼美的幼兒園

張輝誠（學思達教育基金會創辦人）

這本書寫得真美。

此書起源雨果幼兒園成立二十週年時，雨果創辦人文煌（Hugo）想出一本紀念冊。Hugo是學思達的貴人，也是崇建東海大學的學長，我們三人近幾年常一起合作推廣學思達和薩提爾許多活動，擁有共同奮鬥情誼。崇建得知Hugo想法，很樂意撰寫紀念冊，並幫忙尋找出版社出書，一切商議妥當，我亦在現場見證。

我原以為崇建會把雨果幼兒園當成主體成書，看到成果才發現沒有，崇建只把雨果幼兒園的故事，置入他展示完整冰山架構之下（尤其深入渴望與自我），以及他個人成長、教學、對幼兒教養理念、與他人對話案例之間，看似縮小了雨果幼兒園，但實際上是將雨果幼兒園多年在幼兒教育的創發、獨特與重要性，放到了一個更寬闊的格局、更深刻的內涵去凸顯出來。

例如雨果幼兒園實踐多年的萌發主題教學法、攀岩體驗，甚至掛毛巾、吃飯，更甚至面對一位老師在生產時意外過世，雨果教師是如何善待孩童各種情緒、挫折與失落，教師內在如何維持穩定，如何提供給孩子更多等待、支持與陪伴，崇建點出其中關鍵，這些舉措是多麼重要、珍貴，都會觸及孩童內在渴望，並感受到被接納、愛和價值感，滋生耐挫力、創造力、和諧感和幸福感。

此書展示崇建曾晤談過的大人們，生命困頓點經常源自童年。可見，若有更多像雨果幼兒園這樣善待孩童的幼兒園，減少童年創傷，又能連結內在渴望，孩子長大就能生出更多愛的力量、自我價值感及幸福感。

從根源著手，讓孩子長出飽滿能量，這是多麼美好的事。所以我說，這是多麼美的一本書，雨果，又是多麼美的幼兒園啊。

推薦序　練孩子的心，練大人的心

何翩翩（牧村親子共學教室創辦人）

當你用滿滿的熱情鼓舞孩子，大聲用力的幫他們加油時，你有想過這可能會是一種無形的壓力，甚至讓孩子感覺自己不夠好，所以做不到嗎？「活在別人的期待下，怕自己達不到別人期待，一直以成果看待自己」，這種被認同的渴望是件多麼辛苦的事情啊！崇建老師告訴我們：「（讓孩子）經驗被接納與陪伴，內心都有滿滿能量，遇到挫折也願意努力，不以外在成就評價自己」，才有機會關注自己、活出自己。

我也很喜歡崇建老師關於「失落」的分享，每日和幼兒們一起工作的我，看到太多不虞匱乏的孩子帶來驕縱、浪費、低挫折容忍度的氣息，家長總怕孩子沒有被滿足，擔心孩子生氣，覺得那些負面的情緒處理起來麻煩，所以選擇避開可能的失落感，但卻忽略對孩子來說，更深層的學習其實是「若孩子學不會接納失落，遇到逆境時內在力量就小」，真讓我不得不深感認同。

「成長從來不需拉扯，成長需要一份覺知。只要自己在當下，幫助孩子在當下，成長就自然且美好。」好美的一句話，相信是所有曾陷在親子拔河戰爭的父母最需要的提醒，那些嘮叨、擔心、反覆的碎唸，常常不小心就變成了壓力，顯示了自己的不放心、不信任，甚至讓孩子「還沒學會專心就先學會了抗拒」，仔細思考孩子的違抗、固執，真正的成因會不會是來自於大人缺少覺察的執念所造成的呢？若能一步步帶著孩子看到內心最原始的期待與大人覺察到自己的期待，並一步步讓兩種期待合一，會是多美好的景象啊！

在書的最後提到成人的不介入與尊重，讓我想起當年小五的兒子們和學伴一起規劃了六天五夜，從台北騎腳踏車到台南的旅程，半年的籌劃包括費用、食宿、路線……全部由這群孩子們自己完成，大人們只負責聽取簡報、提出問題，和擔任保母車補給、注意安全的任務，如今這群孩子已經成為了高中生，我看到當初的這些「成長型冒險」，帶給他們的不只是處理各式挑戰的能力，更是對自己發自內心的肯定，不但欣喜於他們的成果，更感謝當初的自己與那群大人們義無反顧的支持。

練心不只是練孩子的心，更是練大人的心，陪伴幼兒們前進的這段旅程，將對未來的他們產生深遠的影響，謝謝崇建老師把美麗的薩提爾體現在幼兒階段的過程記錄下來，也願這些種子能在更多的幼兒及他們的家庭中開花結果、開枝散葉！

各方好評

我們的童年，就在雨果度過！在大草坪上追蝴蝶、拯救綠繡眼、攀岩、打網球、把身體整個埋在沙坑裡，露出頭聊天、躺在滑梯上看書。每天都有玩不完的把戲。無憂無慮、自由、愛與陪伴，是在雨果最幸福的回憶！

讀完《練心》，才發現原來在我們的成長歷程中，處處充滿了大人的愛與接納，也因此涵養了我們的內在能量，讓我們能夠勇敢的面對所有挑戰。

Annika與Jackie（雨果幼兒園第一屆、第三屆畢業生，創辦人Hugo、Candy的孩子）

在幼教現場工作多年，幼教老師能給予孩子溫暖與愛，孩子就能安定、健康，具備獨立思考和創造力。看見孩子最重要的功課，即是——老師需先看見自己，讓自己安定、安在，才有足夠的力量理解孩子。從阿建老師《練心》一書，得到不少印

證，從故事中對應到自己，帶領我感受和思考。**王琇娟（台中市牛頓幼兒園執行長）**

二〇一九年開始研讀崇建老師所有著作，我更從香港飛往台灣，參加老師的工作坊。在學習過程中，老師跟我的對話，深遠的影響我。老師的引導，讓我連結自己的渴望，看見自己的價值。在工作坊之後，很多眼淚和情緒，在靜心練習中如泄洪般湧流，這是我人生從沒體驗過的。然而，正向的能量和療癒，卻從這裡開始發生，我知道生命已不一樣，原來「跟自己和諧」及「平靜的內在」是這個境界，如今我稍稍體會到了。而《練心》一書，談的正是這個教育的目標。

田少斌（香港聖公會聖提摩太小學校長）

在教養的道路上，阿建老師的書，一直陪伴著我。我深深體悟，要先整理自己，用好奇去取代指責，溝通才能更連結，才能有效陪伴孩子，回應孩子的需求，引導孩子內心的力量，《練心》這本書，更呈現美好的教育實作。

吳沛蓁（東大附中愛心志工）

這是一本論及幼教的書，在閱讀的過程中，引發我不斷反思、核對……在幼教現場工作三十餘年，卻深深的被啟發。原來冰山理論，適用於任何年齡層。「教育」原來是一條尋找自我的道路，而崇建老師的《練心》，則是指出一條清晰的道路，在任何時候看到都受用。

李素卿（新竹市安琪園幼兒園園長）

長大之後，身體該記住的是童年的陰翳，抑或和煦的陽光？當雨水滋潤大地，果香溢滿芬芳，若不能覺察自己曾經被愛與接納，怎有走出困境的力量？讀著本書，我流了好多淚，我的淚水是什麼？我想是因為溫暖，是雪中送炭，是自我療癒與和解之後的釋放。

林恒嘉（台北市光復國小教師）

我是年長的一輩，能夠懂得的道理是：「稻子越飽滿，頭就越低。做人就是要誠懇，一定要有信用，懂得與人為善，能寬容處且寬容，也要懂得分享。」我看到雨果的教育，《練心》這本書的主旨，都符合我懂的道理，我對下一代充滿希望。

林邱銀花（順億飼料公司負責人、雨果幼兒園精神領導）

Hugo和Candy近幾年來，以雨果文教基金會為基礎，在嘉義地區引進學思達、薩提爾等教育理念，為第一線的教育現場，注入全心發展的教育活水。讀完《練心》這本大作後，我更理解透過對話，引導與傾聽孩子，可以觀照孩子內心世界，連結大人內心最深處的渴望，還有珍貴的教育實作，彷彿真的可以看見，那顆雨果正在對你微笑。

林俊良（嘉義縣中埔國小校長）

《練心》一書的文字，充盈著滿滿的愛，「生命中有愛才能成長」。阿建老師用溫柔且堅定的「愛、支持、陪伴」，讓大人孩子學會接納、欣賞與關注自己，懂得靠近自己的心，與自己和解，能更「愛自己」！ **涂蔚（東大附中家長會長、教育博士）**

有機會親自參與書中「小芳」的案例，彷彿是一個奇蹟的見證，小芳在老師的提問下，深入冰山底層，與童年的自己再次相遇，看到自己的渴望，也找到自己的愛與力量，說出如魔幻詩句般的感受陳述，我與現場中許多人都深深感動落淚。看老師的書，總能一次又一次的帶領我們，撥開生命的層層迷霧，與自己的心靈悸動相遇。

黃千薰（美國舞象基金會創辦人）

我一直期待自己，做一個完美的大人，深怕自己做不好，而感到巨大的壓力，因此時常產生親子衝突。接觸了薩提爾之後，我才有所覺察，真正能靠近自己，就能真正貼近孩子，成為一個有覺知的大人。

黃欣慧（嘉義市雨果幼兒園園長）

解成人心中的苦，消孩子心中的惑，放下內心包袱，才能擁抱真正的幸福。閱讀《練心》這本書，讓人感受心靈的沉靜，以及自我升騰的渴望。

黃美玲（南投縣草屯國中校長）

暖又軟的文字，心不禁被淚水浸潤，如琉璃般澄澈透明。捨不得一口氣讀完，以極緩慢優雅的速度，反覆咀嚼、消化。我輕輕捧著自己的心，如同崇建老師用心守護夥伴們的心。最終，隨著文字走到陰翳的盡頭，那是靛藍的故鄉，與心中的雨果合一。

黃詩君（國小教師、創作者及創意寫作教育工作者）

充滿愛與光的雨果，培養孩子生命的能量，涵蘊更高品質的愛，這裡有一群心美意善的人，讓大人與小孩一起來練心。

郭春松（嘉義縣永慶高中校長）

自雨果幼兒園畢業近二十年，細讀《練心》這本書，像極了穿戴VR裝置回到過去，回到那擁有翠綠草坪、象牙白沙坑、偌大蓮霧樹，充滿笑聲與英語童謠聲的校園。在雨果成長的孩子，都是春陽和煦般的幸福。我曾被真心陪伴，是我生命能量的根基，是塑造雨果家族素養的關鍵。我特別推薦《練心》這本書，學習如何啟蒙孩子的生命能量。

陳香縈（可喜空間執行長、雨果幼兒園第二屆畢業生）

你和孩子們喜歡聽故事嗎？若是，我衷心向爸爸、媽媽推薦《練心》這本書，非常難得一見的心靈雞湯，不但是「用心生活」的自身經歷故事，更是大膽體驗為生命注入活水的精采對話。

作為曾經走過親子教養顛簸的過來人，期待每位父母和孩子展開「深刻對話之旅」，那是信任與自由產生的生命張力。

鄧美玲Carol（雨果幼兒園家長、台中捷運公司前副總經理、勤恩管理顧問公司合夥人）

第一次聽到「學校要教小孩，先教大人」，我們知道雨果幼兒園創辦人Hugo和Candy心很大，以照顧家人的方式與家長互動。二〇二〇年一場在雨果幼兒園舉辦的「薩提爾工作坊」，我們認識了開創學思達教學的輝誠，更接受崇建淋漓盡致的展現薩提爾對話的力量。

學思達創造學生主動學習、觸發啟迪的教學方法，薩提爾冰山理論全展開，師生親子溝通觸動改變，能獲致全新的面貌與發展。透過崇建這本書，我們如身歷其間，看到這些人生歷程中，與自我連結，看到內在鬆動變化的美好。雨果教育機構已然讓果實又成為種子，透過老師自身的突破與溝通再進化，期待在雨果的大人小孩，攜手創綠樹成林，用穩定的內在涵養，用教育改變社會。

劉維新（逢甲大學教授）

我進入薩提爾模式學習，認識一群共學的夥伴，從二〇二一年開始，我們一群人展開神奇的旅行，我們一起「練心」也「鍊心」，在無數次的跌倒中，學習站起來看見自己，不斷靠近自己的信念，就像阿建老師《練心》的故事，每段旅程都是打造美麗的心，創造生命中的充盈與幸福。

謝姵穎（學以致愛華人學習成長中心講師）

本書不只是幼兒園的成長故事，更是一位有社會責任的企業家，願意投注畢生心力、財力在台灣教育上的傳奇！那份對人文的關懷、面對事情解決的能力、勇於承擔社會責任、激勵人心的力量，將會永久流傳下去！

謝彩凡（學思達核心教師）

參與崇建老師的工作坊，是我人生的一個契機，開始真正的認識自己、面對自己與接納自己。從《練心》的書中，看到了崇建老師寫下帶領工作坊的過程，當時的美好回憶，不斷從文字中湧上心頭。崇建老師的聲音、語調、溫柔的眼神，以及好奇的問話，句句觸動人心，挖掘心中隱藏好的內在小孩，變得更加的關愛自己。

《練心》裡的每個故事、每段對話，都在呼喚著我們，不要只是糾結在冰山的表層，更要看到冰山下的脈絡，用全然的愛、接納與包容，來照顧自己與面對孩子。

雖然，已看過崇建老師的每一本書，閱讀完《練心》後，依然可以獲得新的領悟與收穫，還有感動。

魏瑋志（澤爸、親職教育講師）

作者序　讓生命擁有幸福的能力

李崇建

我常跟孩子們相處，最初，是去山中教書，開始帶孩子生活、旅行與討論。離開了山中學校，下山開了寫作班，說故事給孩子聽，引導孩子們寫作，並且陪孩子探索，大量與孩子談話，包括拒學的孩子、挫折的孩子、資優的孩子、有想法的孩子、叛逆的孩子……我擁有不少回憶，擁有很多美好時光。

當弟妹有了孩子，我常跟他們一起玩，跟他們一同旅行，也陪他們一起讀書，一起討論生活事務，我感覺無比的歡愉。

我感覺自己有能力，陪伴各年齡層的孩子，這期間也陪伴父母，陪伴帶孩子的師長，我感覺自己也願意，然而，這份能力與願意，是逐漸培養而來，並非與生俱來的天分，我從小個性孤僻，常說出不恰當的話。

從陪伴孩子到陪伴大人，讓我理解生命的發展，這些孩子與大人，經歷了什麼樣的歷程？發展成今日的面貌？過去在書中學習的理論，在人的身上獲得驗證，當然，歸納與驗證的方式，都需要敏銳的覺察，盡量不讓自己墮入封閉的系統。

從過去的傳統教育，到近二十年的另類教育、雙語教育、理念教育，還有諸多教學策略，各種課室的風景，我認為最終的目的，是培養出幸福、和諧與自在的生命。

當生命擁有了幸福能力，還能擁有創造力、勇氣、耐挫力、智慧、負責任與各種能力，甚至，獲取主流價值看重的財富、名聲、地位、學識、健康與影響力，可能是每個教育者所樂見。

但是我見到很多生命，在教養與教育的過程，忽略了教育最根本的目的，即是建構生命幸福的能力，那是一個人內在的程式。遑論各階層努力的人，不少人的生命狀態，可能不感到幸福，常常被煩躁、恐懼、不安、焦慮與憂鬱包圍，即使不少符合主流價值，各界的「成功」人士，可能也不感到幸福，感覺不到生命價值，可見幸福是一種能力，與外在的條件無關。

當教育的過程看重外在，而忽略了內在的建構，就可能如同本書序曲「心靈的故鄉」中的阿果，阿果在社會中成功，但是內心常感陰翳，這是我常聽見醫生、律師、會計師與高階主管的狀況，他們都是主流的成功人士。因此我以一個隱喻，描寫阿果跟自己連結，身心體驗到深刻的能量，陰翳感就此消失不見，其實是我的個人體驗，那股胸口陰翳的感覺，也是過去我個人的體驗，但過去我是個流浪的人，在主流價值中找不到定位。

當教育者忽略了內在，著重於外在的建構，常常在生命成長期間，引發各種外在的狀態，尤其是曾經的資優生，最常看見的拒學、網癮、憂鬱症等狀態，在我這本書完稿期間，我聽見名校考生失利，成了小飛俠的消息，每每讓人不勝唏噓。滿足了主流價值的人，在走到目標之後呢？這是內在匱乏的原因之一，因為符合主流價值，滿足外在的建構，生命是為了求生存，但內在的能量與涵養，是為了生命存有本身。

很多教育者站在光譜兩端，極力滿足主流價值，或者極力培養內在能量，那麼，能否兩者兼顧呢？

這是一個困難回答的問題，因為不是每一種教育方式，對所有的人一體適用，也很難有一個標準檢驗。

然而，無論滿足外在也好，充沛內在也罷，我認為教育者的應對，是否更多一致與好奇？教育者自身的內在，是否更多穩定和諧？是幫助孩子健康成長的關鍵。

當我進入雨果幼兒園，為雨果培訓教師，建構講座與工作坊，我看見雨果帶來了一個圖像，即是陪伴孩子成長，建構孩子堅實的內在，教師同時也坦誠面對自己，還有雨果建構的課程，讓我感到深以為然。

因此雨果設立實驗機構，準備籌辦小學與中學教育，建構美好的校園環境，引入學思達教學、主題式教學、體驗性的教學方式，也以薩提爾模式導入互動，我便自動請纓培訓教師，期望長期陪伴教師成長，我想看看美好教育的願景。與此同時，我想透過雨果幼兒園，將幼兒教育的面貌，以延伸的視野看成人，書中有很多個案的呈現，與幼兒園的呈現做一對比，俾便讓讀者更清晰看見，為何教育中的應對，會產生那麼大的影響。

這本書的另一作者，是雨果的創辦人林文煌，他將雨果的面貌呈現，由我進行整理與延伸，我們共同成就了《練心》，我非常喜歡這本書，這本書寫出意料之外的面貌，同時達到我認為的好看、實用，以及概念清晰的創作。

這本書中的案例，一大部分是工作坊個案，我很感謝這些夥伴，應允我呈現他們的故事，讓這本書呈現豐富的面貌。另外，這本書的編輯珮雯與翠瑄，她們是書的魔術師，不僅編排了漂亮的排版，也調動了我敘述的次序，讓這本書更活潑靈動，既注重書的外在，也提升了書的內在，特別在此感謝她們。

作者序　美好的教育圖像

林文煌

第一次跟阿建接觸，是透過一通電話。

當時我想邀請他，進行薩提爾演講。電話接通之後，那一端傳來這個聲音：「我已經不大演講了，如果你有需要，我幫你推薦適合的人選。」

那時覺得他的聲音，有點疏離，又有點冷漠。但怎麼都想不到，三年不到的時間，我跟阿建彼此熟悉，更一同創作《練心》。現在我們同時出席的場合，阿建都會笑笑的跟大家說：「我學長說我講話冷冷的。」

阿建外表看似冷漠，內心卻溫暖無比。想想他應該如此，有多少人想邀請他演講、諮商，如果每個邀約都答應，他便沒有自己時間了。所以他不做不必要的連結，語言行動釋放出的，也是內心真正的訊息，這是他「內外一致」的表達。

阿建在過去二十年時間，曾經幫過很多孩子，也創作一系列教育著作。書裡的案例，很多都與阿建晤談，重整孩子的生命圖像，從中帶出教育的面貌，書中大部分以少年、青少年及成人為主。

這次《練心》的主軸，從雨果幼兒園延伸，探討幼兒時期的心理、行為與大人的應對，會有什麼樣的成長面貌？對象也延伸到學齡前，更多幼兒的年齡段，這在阿建過去著作中少見。

幼兒時期的語言、行為、生活經驗與認知，都尚在啟蒙階段，所以與幼兒對話的難度提高，更需幼教專業考量與技巧。阿建實際進園入班，觀察孩子生活起居與學習，在培訓老師之餘，更對老師進行訪談，瞭解一個個真實的個案。

我與雨果的老師們，神聖看待每個生命，將雨果二十五年的生命故事交給阿建，除了重新審視、反思這些個案之外，也對薩提爾模式有深層的認識。

讓孩子在充滿愛與包容的環境成長，如同在幼兒園陪伴蝸牛散步，用正向好奇讓孩子覺察自己，激發孩子的學習熱情，也培養孩子寬廣的胸襟，讓我在教育的步伐更穩當。

我曾好奇的問阿建，如果孩子從小就接受薩提爾的洗禮，我的意思是父母、師長都更一致性，對於孩子更多寬容與愛，那孩子長大之後，冰山就不會如此複雜？

阿建回應說：當大人給予愛與接納，孩子的冰山底層就穩固，能調動生命足夠的資源，來面對所有的挫折與困境，對生命展現更多創造力。

阿建的說法符合我對教育的圖像。

我們不是要培養完美的小孩，也不期待自己完美無瑕，而是當我們成為一個人，成為一個教育現場的引導者，要帶出有創造力、耐挫力，與和諧快樂的生命，能夠更瞭解自己、靠近自己、接納自己、欣賞自己、愛自己，完整的看到生命的全貌，擁有自我意義與價值，活出自由美好的生命，昂然立足於這個世界上。

人的成長過程裡面，不管生理或心靈，一定多多少少會受傷。我們要做的教育模式，不是保證孩子不受傷，也不是確保自己不犯錯，而是時時覺察自己，在教育過程中時刻專注，並且樂於做出改變，用愛陪伴孩子成長，成為一個負責而不自責的人。

累積了二十五年的幼教經驗，並且和學思達、薩提爾有了深刻密切的連結之後，我決定要跨出重要的一步：雨果國際實驗教育機構。

我得到張輝誠老師與阿建的允諾，還有學思達謝彩凡老師投入，培訓與灌注更多教育人才，從幼兒教育延伸出去，進行小學與中學教育，我看到更明亮的教育藍圖。

這本《練心》，是建立在宏觀的教育實踐，所帶出來的教育圖像，是我與阿建合作的第一步，祈願這樣的面貌與實踐，能滋潤更多美好心靈，培養更多有活力的生命。

最後，我要透過此書的序，感謝我親愛的家人們，尤其是來順爸爸、銀花媽媽、淑芬二姐、一對可愛的孩子Annika和Jackie，還有我永遠的心靈伴侶Candy愛妻。他們給我最堅定的支持與陪伴，引導我在猶豫、徬徨時走出迷惘，因為他們的存在，我才能擁有這麼精采的教育夢想與實踐！

contents

第3輯——有覺知的教養

第4輯 開展孩子的自我

序曲
心靈的故鄉

雨果在身上散發出靜謐
散發出和諧的頻率
散發出愛與光的能量

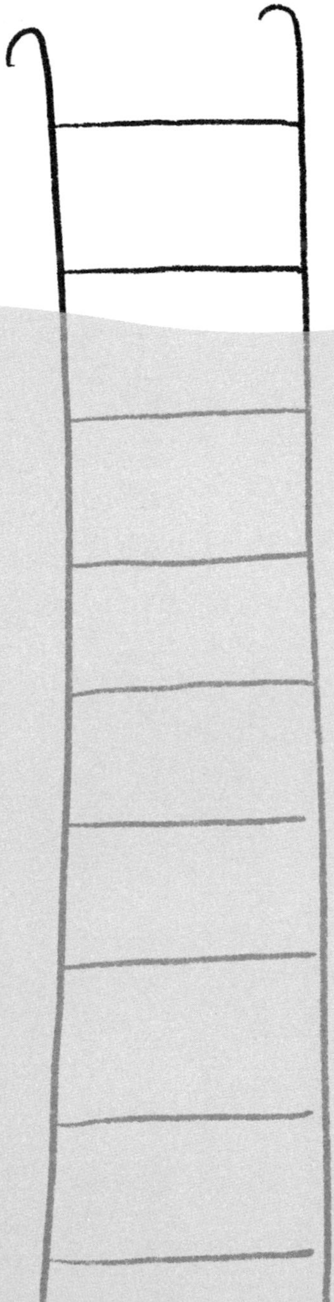

從陰翳中得到釋放的阿果

阿果在山路上前行，走好長一段時間了，他感到身心疲憊。

也許是走太久了，頭腦有點兒恍忽，他忘了要去哪兒？也忘記什麼時候，走進這一條山路？

他似乎要尋找什麼？但是他動腦子一想，心中陰翳感立刻來襲，這樣的情況已經很久了。

阿果停下了腳步，蜿蜒曲折的山路，兩旁大樹矗立著，他不由得抬頭仰望，發出驚訝讚嘆的聲音。

山道的天空欲雨欲晴，竟切分得如此清晰。晴的那一端很明亮，像一塊澄淨的藍玻璃。藍玻璃的邊際有點兒灰，連著一片陰暗的天色，灰的那一片陰鬱沉積，天空灰藍兩種顏色交錯。

這景色美得很過分，美得也太特別了，阿果簡直被迷住了，不知道被觸動了什麼？他竟然熱淚盈眶了。
風呼嚕嚕吹過來了。
他坐在一棵杉樹下，凝視著樹木切割出的天空，心曠神怡的微風拂過，親吻他額頭的汗水，撫慰他臉頰的淚水，有種恍恍忽忽的舒服。
陰翳感一瞬間散去了。
阿果突然想起了什麼，一種灰撲撲的記憶，夾雜著靛藍的色澤，是那樣的場景沒錯。

靛藍的天空

他還是個幼小的孩子，在晴天朗朗的鄉間，與他的新朋友找蟲。
他瓶子裡裝著金龜子，還有可愛的兜蟲，空氣是初夏的氣味。
孩子們討論要去一個地方。
臉上沾著土的花菜說：「我們去祕密基地玩，那是昆蟲的寶地呢，還有一條小山溪，地上好多、好多小黃花喲，我們在那兒玩扮家家酒……」

燦藍的晴空下，千薰手舉玻璃瓶，瓶子裡一隻鍬形蟲：「那裡好多蟲喔！上次我們去那兒玩，祕密只有我們知道。」

百綠歡呼著：「我也要去祕密基地，上次我找到一隻天牛，紅紅的顏色，好可愛喔！」

這群孩子歡呼叫好，他們對著阿果介紹，興奮的訴說祕密基地。

阿果才剛搬到鄉下，這是爸爸的老家。他今天被一隻蝴蝶吸引，追著蝴蝶奔跑，遇見這一群小夥伴，他立刻迷上了找蟲。

他要待在這兒兩個月，再搬到城市就學，因為爸爸工作辛苦，身體生了一場大病，暫時到鄉下靜養，阿果全家都搬過來。

阿果從沒在鄉下住過，爺爺、奶奶很早過世了，他只來這兒看過一次。他嚮往在樹林裡玩耍，在田野裡放風箏，那種自由歡愉的感覺，但是他從前只能盼望。如今，他真的住在這裡了，手裡的瓶子還裝著可愛的蟲，空氣中還有好聞的氣味，千薰說那是相思樹、樟樹交織而成的味兒。

阿果感覺那些氣息，都吸進身體裡了，他感到自由的暢快，想在這兒盡情奔跑，心頭竄上源源不斷的愉悅。

阿果想去祕密基地，只是他還在猶豫著，他能這樣盡情玩耍嗎？媽媽總是說他還小。

但是媽媽也常說，他已經長大了。

花菜牽起阿果的手，百緣拉著阿果的衣角，小夥伴們說走就走。阿果跟著他們走了，藍天下一群孩子，那麼歡天喜地喲！

他們正奔跑著前進，他聽見叫喚聲音：「阿果……」

阿果停下了腳步，心怦怦的跳了起來，那是媽媽的聲音哪！

阿果轉過頭來，媽媽顯得很高大，阿果怯生生的說：「媽媽，我要去祕密基地，那裡好多蟲喔！」

阿果將玻璃瓶舉起來，展示戰果給媽媽看。

媽媽雙手插著腰說：「你不能去，跟我回家。」

小夥伴都停下來了，回眸看著阿果媽媽。

阿果向媽媽求情，他從沒到野地玩過，從來沒有動手抓蟲，從來沒見過這麼透藍的天，從沒有在綠地玩耍，當然，他從來沒有抓過蟲，他好喜歡這樣的感覺。

媽媽不說一句話，沉默的看著阿果。

阿果的眼淚掉出來了，他低下頭來啜泣，哭得好傷心哪！

百綠走到阿果媽身邊：「阿姨，那裡有很多蟲，真的很好玩，你讓阿果去玩，好不好？」

千薰站在阿果身邊，想要為他帶來安慰。

「不行！現在跟我回家。」媽媽嚴肅對著阿果說。

百綠愣愣說不出話，千薰也沒說話，花菜也沒說話，其他孩子也沒說話，但是天空那麼靛藍，大地與樹那麼翠綠，空氣還是那麼芳香哪！

媽媽牽起阿果的手，將阿果的瓶子取走，隨手丟棄在草地裡。

瓶子裡裝著金龜子，還裝著一隻兜蟲，也裝著阿果的心，被媽媽順手丟棄了。媽媽帶著阿果回家了，阿果一路淚眼婆娑，他偷偷瞥著小夥伴，在藍天下與他越來越遠。

陰翳的烏雲

媽媽那天數落他很久，媽媽不斷提醒阿果，他們去過綠地公園，那兒的天也很藍，那裡也有很多樹，他都已經玩過了。媽媽不斷的說：「這裡很不衛生，隨便亂跑很危險……」

阿果說這裡不一樣，但是他說不出來。他在公園不能亂跑，他多想爬樹呀！公園的樹不能爬，他也不能去找蟲，公園也沒有朋友。

媽媽不停的訓斥，他快要念小學了，已經長大了，要懂得把握時間，以後如果想要玩，有的是大好時間，只有這樣計畫人生，才能擁有成功，未來才不會後悔……。

阿果的眼淚沒停過，腦中想著藍天綠地，想著小夥伴們，玻璃瓶子裡的蟲，還有那個祕密基地。

但是他腦袋還有個畫面，媽媽雙手插著腰。

腦海也有個聲音：「你不能去，跟我回家。」

阿果在小房間裡啜泣，哭著哭著睡著了，他在朦朧中醒來，張眼就看見窗外藍天，聽見窗外嘹亮的蟬鳴，他趴在窗邊發著呆，這世界彷彿與他無關，他心裡有種奇異的感覺，他說不出那種感覺。

升小學那一年暑假，媽媽幫他請了家教，從城市來的大學生，教他國語、英文、數學，那兩個月他很少出門，看見窗外蝴蝶飛過，他不再追著蝴蝶跑了。

過了一段時間，他終於忘記了，忘記那片燦藍的天，那片開闊的綠地，因為他離開那裡了，投入了學校的功課，他也忘記祕密基地，不再想念那些蟲。

阿果擁有好成績，取得了好學歷，他一直很努力呀，也擁有不錯的工作，但是他心裡有陰翳，他說不出那是什麼？他彷彿要一片藍天，要一片遼闊的綠地，要找尋那個祕密基地，卻又覺得不切實際。

那裡究竟是哪裡？他常被自己困惑。他自己也不明白，他的陰翳無人明白。

身邊的人怎麼生活？有人已經衣食無缺，跟他一樣活得成功，他們心裡也有陰翳嗎？也許他們的陰翳，是關於婚姻或孩子。阿果卻覺得被困擾，他感覺是那股陰翳，影響了他所有的生活。

阿果的媽媽栽培了他，阿果的媽媽很滿意，但是，阿果不知道自己滿意嗎？

身邊更多的一些人，在世界上努力工作，奮力朝目標邁進，他們應該沒有困惑，只有不斷前進的動力吧。阿果不禁懷疑，達成目標之後呢？這些人如果跟他一樣，達到了世俗的目標，還會怎麼生活呢？心中也會有陰翳感嗎？

不知道那些孩子呢？現在過得好嗎？百綠、千薰、花菜，還有其他人呢？他們活得怎麼樣了？

他學人家騎自行車，試著跑去登山，學著彈鋼琴，學習練瑜伽，學習身心靈……他心裡沒有歡愉感，起碼不是歡欣的感覺。唉！阿果心裡還是嘆息，那一片陰翳的烏雲，仍然卡在心裡哪！他說不出那是什麼？

親友們說阿果想太多了，但是他沒辦法不這樣想，心中有個發動機，創造他不安的感覺，創造他多餘的思考。

他在山道上走路，看見野地裡的莓果，一顆顆紅色的懸勾子，好可愛、好美味呀！有一種歡愉從體內竄上來，幾乎到了忘我地步，他沿路走著摘著，沿途就這樣尋著，直到好長一段路，他再也尋不到了。他感到身心疲憊，才看見絕美的天空，美得讓他泫然欲泣，好多記憶湧上來，早已遺忘的記憶。

雨中的果實

風仍呼嚕嚕的吹，樹與草異口同聲的說：往前走吧！往前走吧！前面是陰翳的盡頭，是靛藍的故鄉……。

阿果被召喚前行，心裡流動奇妙感覺，他在山道上不住點頭。

與此同時，他心裡有個聲音：「你不能去，跟我回家。」

阿果心裡的陰翳感，隨著流動的歡愉感，糾纏住他的生命，雖然，他差一點兒停下腳步。

那是風帶來的聲音，樹與草呼喚的聲音：往前走吧！往前走吧！前面是陰翳的盡頭，是靛藍的故鄉……。

他一邊往前走，卻又覺得舉步維艱，一步竟然那麼艱難。

他看見天越來越藍，也越靠近撲撲的灰，藍與灰彷彿融合在一起。

阿果漸漸懂得使力，感覺腳步鬆開了，邁出去幾個步伐，胸口被壓抑得很沉重，他再往前深入幾步，進入潮濕的霧氣裡，然後，落起了乾淨的雨水，雨水落在參天大樹，大樹結滿了藍色的果實，一顆顆如拳頭大小，像藍寶石那樣透藍，他胸口的沉悶也消融了。

這裡宛如一個地基，匯聚了陰鬱的灰暗，形成了清涼的雨水，澆灌在這些大樹上，大樹結滿豐盛的果實，果實的寶藍色亮麗，反射出靛藍的光，投射到天空的藍天上。

阿果瞬間明白了，在山道看見的天空，欲雨欲晴的灰與燦藍，原來是出自這兒呀！

風仍呼嚕嚕的吹，樹與草異口同聲的說：爬到樹上去吧！去看看雨中的果實。爬上樹去看看吧……。

阿果體內有股衝動，曾經，他多想爬樹哪！他腦中那聲音來了，頻頻催促著：「你不能去，跟我回家。」

他在樹幹上猶豫著，是風、樹、草與雨水推著，他爬上大樹的樹幹。

雨水沖刷著他的身體，樹皮與他的肌膚接觸，身體竄流著雞皮疙瘩，他辨別了那不是恐懼，而是升起一道道電流。

大自然異口同聲的說：拔下果實吧！拔下果實吧！那是雨果喔！那是陰翳與靛藍的故鄉……。

阿果體內的陰翳抖動，心裡怎麼越來越悲傷？

他趴在大樹的枝幹上，跨坐著大哭起來，體內有一股如愛、如自由的能量，化成一陣陣電流，穿透身心到達肌膚，隨著雨水全身流動，他不明白為何哭了？他不想明白，也不用明白……。

他在樹梢輕輕垂下雙手，摘下寶藍色果實。

果實透藍晶亮動人，飽含著滿滿的能量，在那一刻喚醒他的心，這感覺實在太熟悉，他又熱淚盈眶了。

他捧著雨果坐在樹上，看見那片燦藍的晴空，藍玻璃一樣的透淨，原來自由可以如此靜謐。

阿果聽見風聲、雨聲、草木之聲，那是大自然的聲音說：不用害怕陰翳嘍！不論什麼時候，都能從雨果體驗，那是……。

阿果沒聽清楚聲音，但是他看見雨果之中，有一個綠裙小女孩，一張似曾相識的臉，那不是百綠嗎？百綠在那兒唱歌呢！

他還看見花菜與千薰，他們在那兒扮家家酒，是了，那裡是祕密基地哪。

他在雨水中捧著雨果，雨果發出靛藍的光，折射出燦爛晴空，祕密基地就在那光裡，雨水從上到下沖刷，流過那顆晶瑩的雨果，流過阿果的手臂，那影像越來越清晰。

阿果著迷的注視著，小夥伴歡欣鼓舞在其中，在藍光中的祕密基地，他看見百綠、千薰與花菜，在那裡找蟲、聽風，做自己喜歡的事，在那裡漸漸長大了……。

原來他們長大之後，都在各地探索呀，都跟他一樣生活哪！

阿果將雨果趨近前，他看著小夥伴的成長歷程。

百綠考試失利啦！但是百綠沒有退縮，創造了美麗的藍圖，綻放著自由的光芒。

千薰不被人理解了，但是千薰站得很好，看起來很多的力量，她突破了很多困難，身上散發著自信愉悅。

花菜呢！花菜考上好的學校，做了好的工作呀！花菜到了這個年紀，正做自己喜歡的事兒，她的臉龐色澤明亮。

阿果仍然淚流滿面，他為夥伴們開心，原來這些玩伴都很好，即使遇到挫折與困難，也有失落與悲傷，但是他們都很勇敢，心中也無比歡愉，湧現著自由的光芒，那是雨果的能量，他們的祕密基地。

阿果身心激盪悸動，將雨果帶在身上，彷彿身體裡開著光，感覺身心如天空遼闊，心中的陰翳感消融了。

阿果下山的時刻，將雨果揣在懷裡，雨果散發出靜謐，散發和諧的頻率，散發愛與光的能量，他要帶家人與朋友來，來孕育雨果的地方，讓他們親自爬上樹去，摘一顆雨果放入懷中。

他輕盈的下山了，心中盈滿著能量，不再被陰翳困住。

阿果幾乎忘了身上的雨果，直到他想起了雨果，他不知道放在何處？不知何時丟失了？

阿果感到心中的能量，也感到心中的失落。但是他並不知道，雨果已深藏於心，融化於阿果的生命，能量在身心運轉，他得到永恆的力量。

阿果的日子變了，因為阿果改變了。他忘不了雨果之地，憑著模糊的記憶，決定再到山中一趟，重新走那一段山路，再去摘新鮮的懸勾子，再造訪陰翳與靛藍的故鄉。

採摘的懸勾子仍在，仍舊那麼甜美可口，但是，無論阿果在山道上怎麼走，都只是一般的山道，他依稀聽見風、樹與草的聲音，卻再也沒看見那樣的天色，沒有看見長滿雨果的樹了。

雖然如此，阿果感覺雨果在心裡，正給他無限的能量，他真的能深刻感覺，他不再被陰翳卡住，他擁有了生命的活力。

只是，他常常感受到電流，帶來愛與光的能量，他常常傻呼呼的笑，常有人笑著說：你怎麼這麼常笑呢？那麼歡愉的笑，是發生了什麼好事？

該怎麼說明白呢？阿果並不知道。他最常斂眉低頭，往心一看，那裡有天空無限的藍，有一顆雨果對他微笑⋯⋯。

走進雨果

假日的雨果幼兒園，陽光璀璨明亮，從綠樹的葉隙灑下，帶來美麗浮動的光影。Candy回校園整理事物，順便在校園各處踱步，感到心境安然而享受，她看著每一棵樹的樣子，春風吹拂帶來的生氣，有一種盎然的生機，綠樹發出的新芽，為校園添上好聞香味。

幾棵大樹下的綠地，是孩子遊戲的地方。孩子們也在沙坑玩，沒有人呼喚的話，可能會玩上一整天，這裡充滿孩子歡笑聲。

Candy注意到了外頭，有一人牽著自行車，一直朝校園張望，走到大門前停下探頭，Candy走向前去問：「請問你有什麼事嗎？」

Candy看清楚了，牽自行車的是大男孩，還不到二十歲的年紀吧！露出害羞靦腆的笑容打招呼：「Candy老師好！」

通常雨果的孩子，都記得Candy的名字，在校園裡見了面，會鞠躬說：「Candy

老師好！」即便畢了業，在外頭遇上，也會熱情的說：「Candy老師好！」

Candy很享受這樣的問候，孩子雙手抱著小肚子鞠躬，可愛模樣與純真的童音，Candy也會開心鞠躬回應：「小朋友好！」

聽到熟悉的問候聲，Candy就意識到他是雨果的畢業生，只是好多年不見，小男生長大變帥了，已經認不出是誰。

大男孩直接報上名字，Candy則搜尋記憶庫，試著抓取他的童年影像，Candy逐漸聯想起來，幼兒時期這男孩很害羞，但是偶爾會小搗蛋。

大男孩接著說：「我目前休學中，想回來找找人生的方向！」

Candy說：「都長這麼大了，歡迎，歡迎，要不要進來看看？」

大男孩走進校園，在校園各處駐足，最後，他與Candy在升旗台坐下來，凝視著前方的溜滑梯說：「我以前最喜歡在這兒玩。」

春風吹拂著校園的樹，帶來樟樹開花的訊息，兩人並坐在升旗台上，感受著和煦的春日，良久，男孩才說話：「在這裡的日子，是我最快樂的時光，我常常想起這裡，我永遠記得這裡……」

Candy靜靜的聽著，聽男孩說童年的這裡，即使男孩已經上大學了，他都記得這裡的老師，曾經給他的包容與力量，她很開心男孩記得這裡。

男孩說之前回來幾次了，每次都到校門口而已。

他們在升旗台坐了一陣子，男孩起身跟Candy道再見，Candy送男孩出來，告訴男孩：「這裡是你的家，隨時都可以回來，按門鈴進來看看我們。」

男孩點點頭道謝，在春風中撥撥短髮，騎上自行車走遠了。

幼兒園校友常回到雨果。曾經有位校友M畢業後，跟隨爸媽返回台北就學，國一那一年的暑假，M參與腳踏車環島團隊，回嘉義奶奶家探望，隔天M即騎腳踏車回雨果，跟Candy談近況，談未來的夢想，談他打算從事「大數據」的夢想。

Candy每次遇到校友，都感到開心溫暖，她關注孩子的心靈，關心孩子的成長，這次與男孩見面亦然，Candy一直放在心上。Candy得知男孩休學，她很體貼的不多過問，避開了探問休學的議題，陪他回憶幼兒園的快樂時光，顧慮到他在家可能

1 雨果幼兒園有一個儀式，師生之間透過鞠躬禮，開啟一天的學習儀式，代表學生對師長們的尊敬，也表達對師長的感謝。雨果創辦人林文煌曾到日本求學，對於鞠躬禮儀感覺美好，因此將此帶入雨果。孩子上學的時候，校門的值週老師鞠躬道早，家長也會提醒孩子向老師道早，老師牽過孩子的小手，再請孩子回身向爸媽揮手再見，孩子放學時也是如此，成了校園文化。

「備受關心」，Candy不想增加他的壓力。

Candy常想男孩還好嗎？她知道男孩常回雨果，並視之為心靈的故鄉，只是他沒有按門鈴而已，Candy希望這裡給他力量，也讓他脆弱時能回來。

童年的愛與接納

男孩回雨果拜訪之後，那年春天Candy回老家，遇到迎神賽會活動。

每年的農曆三月二十三日，是媽祖的慶生活動，也是朴子年度重要慶典，各地的媽祖回娘家，遶境為地方祈福，家家戶戶擺放滿桌供品，百姓虔誠舉香膜拜，社口媽祖遶境朴子，民間陣頭的八家將護駕，歸鄉的人遇到交通管制。

Candy將車子停在遠處，步行穿越熱鬧的廟會。

朴子是Candy的家鄉，這裡向來僻靜安穩，但是Candy長大之後，讀書、嫁人不常回來。過去她在學生時代，不喜歡迎神活動，覺得陣頭實在太吵了，而且來往的市井頗雜，混雜在他們其中，Candy有時會感到不安。

Candy步行過市街，童年往事歷歷如昨，一如海水湧現腦海。

這裡是嘉義舊稱的樸仔腳，曾是朴子市最繁華的所在，此刻已經沒落了，但是舊時的繁華仍鮮明。

Candy經過頹敗的榮昌、黎明、東和三家戲院，她湧現無數的畫面，在此看電影曾是童年奢侈的娛樂，也是唯一的休閒活動，戲院裡的黃梅調《梁山伯與祝英台》是她的精神養分。

如今繁華已不再，戲院沒有了觀眾，顯得異常的蕭瑟。

Candy選了路旁的小攤坐下，點了一碗綠豆湯，這是童年不可能的事，因為孩提時家境不寬裕，她只能在攤販前張望，從未在這兒花錢飲食。

此時街道上喧囂熱鬧，陣頭的鑼鼓聲、鞭炮聲不絕於耳，她進去消費的小攤位，板凳坐著搖晃不平穩，迎神的活動熱鬧展開，進香的信徒從身旁走過。

Candy品嚐著家鄉味，進入家鄉活動的場景，她的內在有一股能量，湧起一種生命的感動，她心中沒有不安，她似乎連結了什麼？感覺自己是其中一分子。

對於每一位家鄉的人兒，那些民俗的陣頭，扛神轎的信眾們，進香的虔誠信徒……Candy心裡湧起一種喜悅，以及莫名的感激之心，那是一種深刻的感動，她的內在有很深的聯繫，這一切是過往的歷程，她曾經領受的精神涵養，曾受過的愛與接納，在此與她有了深刻的連結。

她幼年生長於斯，農業社會爸媽都忙，但是一家人都歡樂，父母不懂什麼教育，卻對孩子們都很關心，不會對孩子嚴厲管教。Candy有很多愛的畫面，他們過著平安和諧的日常，一家人只要在一起，充滿著歡樂與滿足。

父母雖然較為傳統，但是對孩子們很放心，給予他們很多自由。Candy記得有次淹大水，父母正為水患忙進忙出，一群孩子們都還小，將漂流的門板、汽油桶當船划，孩子們歡樂極了，父母也不以為忤。

Candy想起這些畫面，感受到童年的歡愉，曾經擁有的愛與自由，幻化成為她挫折時的力量，成為她收穫時的喜悅，以及日常的寧靜滿足，這些都是童年父母所給予。Candy明白了此時此刻，對於迎神賽會的陣頭，能湧起一種深刻感覺，能逐漸接納世界的不同，都與她童年的滋養有關。

也就是在那一刻，迎神賽會鑼鼓喧囂之際，Candy心生感激喜悅，她突然想起騎自行車的男孩，在前些時日拜訪的場景，那個男孩說的話：「在這裡的日子，是我最快樂的時光，我常常想起這裡，我永遠記得這裡……」

Candy心中明白，自己做了重要的事，即是幼兒園的辦學理念，給予孩子心靈上永恆的故鄉，內在湧泉力量的來源，讓這些孩子們長大後，更擁有創造力、耐挫力與感動的能力。

雨果的涵養

Candy提到心靈的故鄉，那些童年被對待的愛、接納與自由，正是她生命能量的來源，是人遇挫折的能量，是內在和諧的根基，也是與人連結的基礎，這些都是與自己連結，正是教育最重要的部分。

我與Candy稿件往返，書寫這份紀錄時，正值雨果「校友團圓日」[2]，Candy與Hugo散步於雨果校園，此刻又是春天三月，光禿禿的小葉欖仁已長滿嫩芽，兩人駐足在校園仰首，感受春日帶來的生命力。

2 雨果有一個文化，是「校友團圓日」。每年的校友團圓日，來自各個年段的孩子會回來團圓。孩子在畢業之後，學校能持續給予關心，也為曾經成長於斯的孩子建立連結，彼此互相陪伴與成長。有的孩子從小一入學，直到高中考完學測，年年都來參與，有的孩子畢業後未聯絡，再回學校參與團圓，已經過了十餘年時間，這樣的連結已持續二十餘年。

他們透過雨果傳遞這份生命力。

在上一篇文章中，阿果失去與自我連結，因此陰翳感隔閡於內，雖然外在已有成就，但內在始終感覺荒蕪，無論怎麼往外尋找，都找不到安然充沛的能量。

阿果是主流價值被肯定者，但內在難以安然存有，這與我認識的很多人相仿，然而，更多失去自我連結者，在追隨主流價值中浮沉，如無頭蒼蠅在各處奔忙，在各種關係裡困頓迷失，卻被淹沒在日常的繁瑣中，無緣停頓與覺察自己生命。

心靈的故鄉即是一種能量，從出生至入學前，周遭大人的所有應對，影響人日後能量甚鉅，能量所指的就是創造力、耐挫力、幸福感與人體驗和諧深刻的能力。

雨果所涵養的是生命，我與Candy和Hugo巧識，為雨果長期培訓教師，在雨果的課程與師生互動中，我有很多的發現，都是以涵養生命能量為主，這與薩提爾的教養模式符合，打造孩子可體驗的愛，被溫暖接納的經驗，那是生命中深刻的能量。

第1輯

童年自我影響一生

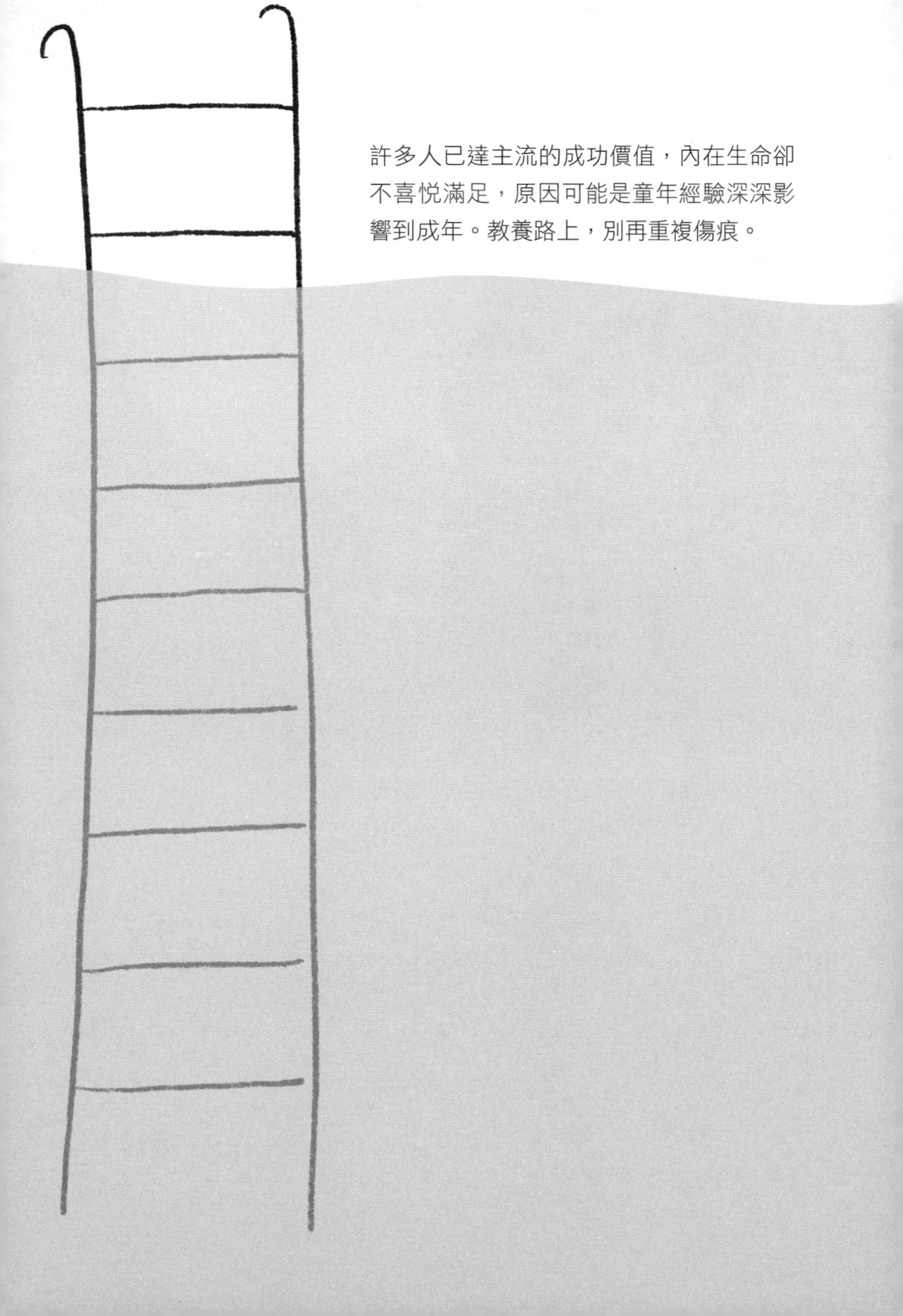

許多人已達主流的成功價值，內在生命卻不喜悅滿足，原因可能是童年經驗深深影響到成年。教養路上，別再重複傷痕。

有個聲音

習慣逃避的大人：我怕自己做不到

——關於阿P

我在工作坊上課，為學員布置作業，需於隔天上課回饋，作業進行得如何？隔日上課核實作業，男學員阿P舉手，表示自己要提問，關於前一天的作業。此刻要回報功課，正是我要進行的部分，瞭解學員回去的練習，是否有什麼收穫？遇到什麼困難？

阿P說話比較急促，語態帶挑戰意味：「老師，你教我們的行不通啦！」

我很好奇他的說法：「哪部分行不通？」

阿P清了清喉嚨，他的表情與姿態，像個上司發表演說。

學員們紛紛笑了。

他環顧了一下四方，很正式的表達：「老師的回家功課，是讓我們回去練習，練習對話五分鐘，用『好奇』的方式，但是只要一對話，我就沒辦法好奇，那要怎麼練習？」

我邀請學員練習「好奇」，回家找對象練習。因為「好奇」是我推廣對話的重要環節，若要改變對孩子的慣性應對，包括指責、批評、說理，與忽略，要將好奇的素養練就起來，才更能幫助孩子成長，讓孩子的心靈茁壯。

阿P說回家沒辦法好奇，正是好奇的素養未建立，很多學員都有類似困難，但是，只要回去多多練習，甚至刻意練習或記錄，「好奇」會自然而然練就。

我邀請現場夥伴思考，假設自己的孩子，或者是學校學生，沒有做回家功課，若是這樣對你說，你會怎麼好奇呢？

我將與阿P的對話，以粗體字標示出來，可以看出好奇的使用。

我接著問阿P：「**知道怎麼了嗎？關於無法『好奇』？**」

阿P停頓了一下說：「不知道……我就是無法好奇。」

「**當你無法好奇時，你怎麼辦呢？**」我對阿P的問題好奇，用意也是示範好奇，這是協助孩子的好方法之一。

阿P此時停頓一下：「我就對孩子說道理呀，或是給意見，或是指導該怎麼做……」

「這是你過去的方式。說道理、給意見，或者指導孩子該怎麼做，是嗎？」

阿P又想了一下，但表情有點兒困惑：「對……」

我順著脈絡，繼續問下去：「**你喜歡這種方式嗎？說理、給意見的方式。**」

阿P又露出困惑表情說：「不喜歡。」

常有人也是這樣，並不喜歡現狀，卻依然維持現狀；很多功課遇到困難，比如不想努力的孩子，也都是同樣的狀況，怎麼辦呢？我的方法是透過好奇，讓對方的覺知更深：「**怎麼不喜歡呢？**」

阿P表情顯得複雜：「因為沒有解決問題，讓關係更緊張。所以我來工作坊學習。」

此刻的他表情很「特別」，一副扭曲困惑的神情，我因此關心他怎麼了：「**我看你的表情，有些特別……**」

阿P未等我說完，急著說：「等一下，等一下。」

我感到詫異，不知道他發生什麼事了？停著等他一下。

阿P困惑的說：「我們兩人的對話，為什麼會說到這裡？」

我不懂阿P的問題：「**怎麼了嗎？**」

阿P露出莫名的表情：「奇怪，我是在挑戰你耶！怎麼說到這裡？」

學員們此時狂笑，我也笑著問：**「你怎麼會想挑戰我？」**

阿P搔搔頭，有點不好意思的說：「因為我女兒都這樣呀！她只要挑戰我一句話，對話就沒辦法進行了，所以我想看老師怎麼說？」

「你看到了嗎？我怎麼說？」

阿P偏著頭，琢磨了很久說：「我好像看到了，又好像沒看到，所以我說等一下。我明明要學女兒，故意惹你生氣，怎麼會講到這裡？而且你好順喔！也沒有生氣的意思。」

阿P一派天真，惹得學員哄堂大笑，為課堂帶來幽默。

遇到學員的挑戰，我有一顆穩固的心，因為我能體驗自己價值，不因為外在挑戰而晃蕩。我們要培養孩子的心，正是要培養一顆有愛的、穩定的、接納世界與自己的心。

我回到主題核對：**「所以你的回家功課，好奇的對話，有遇到困難嗎？」**

阿P「嚴正」的說：「老師，我真的遇到困難，真的沒辦法好奇。」

我接回原來的話題：**「那麼你還要繼續嗎？剛剛的話題？」**

阿P立刻說：「要要要。剛剛講到哪裡？」

學員們又是一陣歡樂。

童年對世界的生氣

我重新陳述剛剛的對話，喚起他對談的經驗：「**剛剛提到不能好奇，你會用過去的方式。用說道理、給意見的方式，或者指導怎麼做。但是你並不喜歡，所以來這兒學習。**」

阿P趕忙回答：「對對對。老師你記得好清楚。」

我接著之前的問句，是否「覺察」、是否朝向「目標」，因而問他：「**當你覺察沒有好奇，你有對這種情況，做些什麼改變嗎？**」

阿P搖搖頭說：「沒有。」

我看著阿P搖頭，直接問他想要什麼？「**你想要好奇嗎？在對話的時候？**」

阿P對我的問題，錯愕了一下，立刻回答：「我不想。」

阿P的回答，讓在場的學員很驚訝，怎麼講了老半天，竟然不想「好奇」。

這是常見的狀況，即是確定當下，我們要去哪裡？問的是阿P的「期待」[3]。彷彿我們要去同一個地方？但是其實不然，很多時候不澄清，提問的人也未覺察，那麼所有的對話，都將白忙一場。

這樣的案例，常在學生身上出現，學生問一個問題，看似要解決問題，其實內在有抗拒，但學生並未覺察，對談者也未釐清，所以問題將一直纏繞。

為什麼會有這樣情況呢？這是人內在的狀態，為了對抗世界的壓力，又為了給自己合理化，所形成的矛盾狀態，正是阿P在孩提時期，可能在被要求的時候，沒有被大人接納與等待，大人以壓迫的言行對待，常會使人的內在心生放棄，「渴望」層次也無法連結，衍生矛盾的思維阻礙行動。我在很多學生身上，看到類似的情況。

這裡最困難的問話，是一開始阿P的提問，「無法好奇，那要怎麼練習？」

阿P最初的提問，常讓對話者進入誤區，以為他想要「好奇」，那就是他的「期待」，其實並非如此。當阿P說不要好奇，我將阿P的「不要」，視為他在此浮現，被釐清的表面「期待」。

我接著好奇：「**你怎麼不想呢？**」

阿P恢復了嚴肅，聲紋波動稍大，感覺有點兒動氣的說：「我不懂為什麼要好奇？」

這裡阿P潛藏著憤怒，可能連他自己都不懂，為何他會這麼憤怒？我的內在依然穩定，因為我能體驗自己價值，這是我這二十年的學習。我試著釐清與提問：「**昨天我從腦神經科學、瞭解他人、讓他人覺察，還有溝通要素來談，這部分你不明白？還是有其他想法？**」

阿P聽了我的問題，很認真的停頓了，思索了一陣子說：「我不懂為什麼要聽你的？去做好奇的練習。」

我從他的說法裡，提煉出「聽話」，向他再次核對：「**你的意思，是為何要『聽我的話，所以不想好奇，是嗎？**」

這回阿P回答頗快：「對。」

從阿P憤怒的聲音，到「聽話」的議題，可見他曾被要求要聽話，去達成某個目標，那樣的他才有價值，才有資格得到愛。如同阿P是幼兒，正在進行攀岩練習，

3 薩提爾的冰山理論指出，人就像一座冰山，能被人看見的，只是表面很少的一部分——行為、事件、故事；水平面的那一條線，是人應對的模式；而人的內在藏在水面下，分別是感受、感受的感受、觀點、期待、渴望、自我。

或者算數學或寫字，被強迫著突破困難，沒有被人陪伴接納，讓他心裡產生痛苦，卻又無權力表達，他的憤怒是蓄積而來，是他童年對世界的生氣。

冰山的探索

我重新回到前一夜，他進行好奇練習時的冰山：「**當你昨天對話時，想到要練習好奇，你的內在有感受嗎？**」

阿P一聽我的提問，聲音突然哽咽了：「現在想到前一晚，我有一股難過升起來。」

他的聲調降下來，與前面相距甚大，難過聲音很明顯，而且他也辨識了，因此我邀請他連結：「**你能跟難過待一下嗎？**」

阿P既大方，也不抗拒情緒，點點頭說：「我可以。」

阿P閉起了眼睛，淚水從臉上滑落。

工作坊現場寂靜，與剛剛的歡樂，成了明顯的對比。

停頓了一段時間，他應該能辨識為什麼難過了？我因此問：「**難過什麼呢？**」

有人遞過衛生紙，阿P很大方的擦鼻子，好一會兒才說：「難過我做不到要求。」

冰山豐富迷人，讓人覺得變化萬千：從一開始的提問，以為要解決困難，原來只是挑戰我。接下來他揭露自己，其實並不想好奇；隨即出現生氣的聲紋，再進入難過情緒，原來埋藏在底下的，竟是「難過自己做不到」。

難過自己做不到，即是為「無法滿足的期待」，感到失落與難過。

前面阿P的憤怒，可以看成對世界的生氣，此刻「難過自己做不到」，常常伴隨著對自己的生氣。

人的冰山層層疊疊，並非表面所見，正是透過對話釐清，讓對方有覺知，也讓我理解對方。

當阿P的期待失落了，我從「觀點」、「渴望」的層次，再次提問：「**你能接受自己做不到嗎？**」

阿P回答的很快：「我不能接受。」

從冰山的路徑來看，阿P的「不能接受」，是看待「失落期待」的觀點。

很多資優生、人生勝利組，或是在功課、專業上被壓著前進的人，常會有這樣的觀點：無法接受「失落的期待」。

阿P此刻已經內化了，當初曾對他要求的大人，他無法接受「做不到的自己」，他變成了那樣的大人，所以他在教養課題上，也可能複製過去的大人，對孩子也嚴厲要求。

當阿P不能接受自己做不到，會帶來什麼影響呢？一般而言會是「抗拒」功課、「逃避」功課與「上癮」等應對行為。

「如果不能接受，會對你帶來什麼影響？」

阿P像洩了氣一樣說：「通常這樣子，我就不想做了。」

我將他的答案，再次核對一遍：「**所以你不想『好奇』，是因為怕自己做不到，或者做不好？是嗎？**」

阿P情緒有點兒起伏說：「對。」

綜觀從開始至此的談話，可以看見阿P的不想做，有著兩個原因：「為什麼要聽你的？」還有「怕自己做不到」。

是什麼樣的狀況，形成這樣的原因？深埋於他的內在呢？

內心匱乏的大人：我不知為何而活

——關於小黛

小黛見我的日子，剛度過四十五歲生日，她看起來很疲憊。

她期望跟我談話，想要多瞭解自己，她說不瞭解自己，不知道為何存在？常覺得活得不踏實，她時時想要休息，但是她沒辦法休息。

小黛靠窗坐下來，馬路傳來卡車聲。

她皺起了眉頭，看了一眼窗外，一台裝載重物的卡車，車身噴著「超耐磨」黃色字體，發出笨重的喘息聲。她立即將窗戶關起來，一秒之後她又打開了，自言自語道：「還是打開好了，本來窗戶就是開著……」

她接著說：「你應該喜歡開窗吧？還是開著窗比較好。」

我並不堅持開關，即使我告訴她，窗戶開關都可以，她仍揣測我的需求，做了一個「照顧我」的決定。

我並未接她的話，接受她的說法，靜靜的聽她說。

過了一會兒，她嘆了一口氣：「我不知道自己怎麼了？總有做不完的事……」

她開始介紹自己，道出一小段故事。

她曾有過一段婚姻，並沒有生養孩子，數年前已經離婚了。她從事室內設計，多年來已經衣食無缺，不需要為生活工作，沒有任何經濟壓力，也沒有任何多餘的需求。然而，就算沒有事可做，她也能生出一堆事，她並不想這麼忙，覺得自己矛盾極了。

世上最遙遠的距離

「這種疲憊的感覺，已經多久了呢？」

小黛聽到我這樣問，眼眶立刻泛淚，她嘆了口氣說：「四十五年了吧，我今年四十五歲，就應該四十五年了，一直以來都這樣……」

我的腦海有個聲音：疲憊跟了這麼久，她的童年呢？

我問小黛：「怎麼流淚了，妳知道嗎？」

小黛搖搖頭，表示不知道，她說自己很少哭。
看來，她跟自己不親近，怎麼會流淚了，自己卻不明白，難道她不關心自己嗎？
我接著問她：「是什麼讓妳這麼忙呢？」
她露出困惑的表情，並轉動僵硬的脖子，表示肩頸好重好緊，胸口又沉又悶。
她深呼吸一口氣，試圖讓自己輕鬆，仍覺得氣喘不過來。
我與她短暫交流，感覺她心裡很慌，無法安穩下來的樣子。她對自己很不熟悉，不瞭解自己的需求，不懂自己的情緒。
我問她談話目的，從這次的談話中，想獲得什麼呢？
小黛不經思索回答：「我想要知道，自己怎麼了？」
我進一步問她：「知道了以後呢？會為妳帶來什麼？」
小黛又露出困惑，搖搖頭說不知道。
我為她展開圖像：「如果知道原因了，能讓自己休息嗎？」
小黛聽我這麼問，沒有立刻回答我，反而顯得坐立難安。
「聽到我這樣說，妳怎麼了呢？」
小黛仍然不知道，她與自己的距離，看來真的很遙遠，對我而言，這是世上最遙遠的距離。

我繼續問她：「誰讓妳這麼忙呢？忙到不能停下來？」

小黛的眼淚又來了，她用手擦掉眼淚說：「是我自己吧！」

我問她：「可以讓自己休息嗎？」

小黛眼淚更大量，來不及用手抹去，頻頻搖頭說：「不行、不行。」

我問：「是誰在說不行呢？」

小黛沒有回答我，只是一個勁兒搖頭，伴隨著大量的淚水。

我換了一個方式問：「可以照顧肩頸緊繃、胸口沉悶的自己嗎？」

小黛眼淚彷彿止不住，沒有答應我，也沒有拒絕我。

過度努力的大人：我不可以停下來

——關於小芳

我在工作坊教「覺察」，布置回家的作業，檢查功課做了沒？方法是否做對了？大部分人實踐不到位，因為覺察的課題，需要被引導體驗。

從願意覺察開始，練習慢慢覺察自己，擴大覺察的深度。但是，人的成長過程，常常頭腦知道要覺察，身心卻抗拒，這就是「小我」欺騙「我」。

小芳是我的學員，她在美國參與工作坊，被點名到台前報告，前一天如何覺知？如何回應當下自己？

小芳開始陳述作業。

「我昨天下課回家，在車子裡放音樂，音樂播放特別大聲，我有時候需要釋放，這樣能讓我發洩。當時沒注意車速，我已經越開越快，已經超速了，結果被警察攔下來，但是我沒有駕照，英語也不夠好，我怕自己聽不懂，也怕自己不會表達。我當時停頓下來，覺察內在有焦慮，我本來擔心英語不好，怎麼跟警察溝通？沒想到昨天我說得很流利。後來警察開了罰單，我回到家還在焦慮，我也很懊惱自己。然後我想到作業，那時候我告訴自己，我可以接納焦慮。我想自己怎麼這樣？都到美國一段時間了，凡事都要重新學習，英語也沒學好，駕照也沒拿到……」

小芳報告她的作業，我邀請學員覺知情緒，小芳頭腦上辨識了，但是並未在情緒停留，隨即被念頭帶走了，此時正遠離「自己」，思緒飄到遠方了。

雖然她說可以接納焦慮，但「接納」是頭腦的聲音，她雖然停頓下來體驗自己，但彷彿是個任務，看來體驗並不深。

我邀請小芳：「請妳回想昨天，被警察攔下來，心中感到焦慮。妳此刻能體驗嗎？昨晚的焦慮感？」

小芳點點頭。

我將小芳的經驗，成為心靈裡的體驗，因此做了一個引導：「請妳回想那個畫面，停頓在焦慮裡，停留久一點兒。」

小芳稍微停頓，眼淚就落下來了。

但是隨著眼淚落下，小芳立刻睜開眼，開始要陳述思考。這表示小芳的狀態，頭腦可能在抗拒，所以回到頭腦。

我問小芳怎麼了？

小芳告訴我：「我不能停下來。我從小就要很努力，一路努力奮鬥才能成功，我來到了美國，我創辦一間公司。我努力學英文，認真學會溝通……我不能停下來，怎麼可以停下來……」

她說到「怎麼可以停下來」時，眼淚無法歇止。

我等待她的哭泣，慢慢的問她：「若是不能停下來，累了怎麼辦呢？誰來照顧小芳呢？」

小芳聽我的問話，不斷的落著眼淚，也不斷的搖頭，一味說著：「不能停下來……」

回溯
童年冰山

變調的期待：我很努力了，我不想被罵
——阿P的內在冰山

我打算透過阿P的「不想做」，回溯他的早期經驗，探索他形成如今狀態的原因，進而讓他擁有更深覺察：「**過去曾有人對你提出要求，而你做不到，有這樣的經驗嗎？**」

阿P立刻想到了，表情立刻充滿情緒，聲音再次哽咽說：「有。」

「**是誰呢？**」

阿P需要深呼吸，看來在撫平情緒：「第一個想到的畫面，是我小學的時候，那個很兇的數學家教，要我算一堆數學題。他講話很沒耐心，常常會拍桌子，我那時很害怕……」

阿P說到這兒，顫抖了一下，難過立刻湧上來。

看來「害怕」與「難過」，一直在他身體裡，並沒有離開。

過了一會兒，阿P接著說：「我算了很久……有的不會算……有的算不完……」

此刻阿P的狀態，如同一位孩子，一位無助的孩子。

當年他這樣的情況，數學算很久、不會算、算不完，可視為一個「事件」，老師的「應對」是什麼呢？因此我接著問：「**老師對當時的你，做了什麼呢？**」

阿P激動了起來，混和著生氣與難過說：「老師特別兇，他很嚴厲的罵我。他毫不留情面。他說『你怎麼這麼不努力！為什麼這麼差勁！』我的爸爸也罵我，怎麼這麼不用功……」

阿P說到後面，情緒特別激動。不少學員受感染，也跟著流下眼淚。

雖然他顯現了情緒，我仍在他情緒裡工作[4]，讓他辨識、釐清這些情緒：「**當時的你，有什麼感覺？**」

阿P顫抖著說：「我很生氣、害怕……還有難過。」

生氣是為了保衛自己，因此我常先問生氣，在生氣裡探索：「**那時你生誰的氣？**」

阿P吐了一口氣說：「我生老師還有爸爸的氣。」

在「感受」裡工作，辨識這些情緒由來，也是我常做的工作：「**你氣他們什麼呢？**」

阿P這時握緊拳頭說：「他們為什麼不懂我？為什麼要逼我？」

當阿P說完了生氣，他的難過、委屈情緒就上來了。

「你難過什麼呢？」

阿P訴說著自己心聲：「難過自己做不好，也難過自己不被瞭解。」

「你有因此做什麼決定嗎？」決定就是一個「觀點」，也是對日後的影響。

這個決定也是一個「期待」，期待「自己不要被罵」。這是大人的「應對」，他有了這樣的「期待」，但這些決定往往是潛意識，只有透過探索時，才容易浮現上來。

從最早浮現的期待：「我不想做。」

這裡的期待是：「自己不想被罵。」

兩個期待都有關連。那麼，還有別的期待嗎？

4　冰山的應對、感受、觀點、期待、渴望、自我，這幾個層次，只要一個層次卡住了，就會影響一個人的生命，也會影響一個人的行動。比如看見一個事件，就會觸發很多的煩躁與憤怒，這是感受層次的慣性，觸發了一個觀點，可能覺得不應該……各個層次都有關連，都具有連動性，所以要改變一個人的行為，就要改變這個人冰山各層次，因此在冰山各層次提問，讓人覺察這些卡住的狀態，並且透過引導連結，這就是在冰山各層次工作。

內在有個家教老師

為了「自己不想被罵」，阿P有什麼決定呢？相信應不難猜出。這也是很多網癮、偏差行為、成績低落孩子的決定。

阿P娓娓道來：「我不敢嘗試，我怕做不好，也不喜歡被規定，我會有反感，所以故意不想做。」

阿P的說法，大致與他的「不想做」一樣，這是來自童年的決定。

要如何改變這個決定呢？

他的內在有個家教老師，有個父親角色，對他怒罵要求，從童年一直到成年，他始終認同這個角色。

如今他長大了，可以為自己重新決定，但是他一直批判自己，而不是去愛這樣的自己。當他體驗童年的冰山，就能同理自己了，也會願意愛自己、也能夠愛自己了，他就得到滋養，在「渴望」處就能連結。

所以這裡讓他重新體驗，若是當年大人的「應對」，能符合他的「期待」，那麼他的冰山，是否會有變化呢？

我接著問他：「**你試著想一下，當你是個孩子，正在算數學題，有的不會算，有的算不完。你的老師說什麼，會讓你覺得被瞭解、覺得有力量？**」

他想了一下說：「你已經盡力了，已經做得很好了。」

這樣的說法，真的就是答案了嗎？我要怎麼評估呢？體驗不會欺騙人，所以我有了下一句問話。

「**我邀請你深呼吸，想像自己是孩子，正在算數學習題，老師對你說『你已經盡力了，做得很好了』……**」我在此停頓了一下，接著才問：「**當你聽到這樣說，你有什麼感覺與想法？**」

阿P很誠實的說：「我感覺很不真實。我不相信他們的話。」

這一句話看來是個標語，存在頭腦的概念裡，阿P身心並未接收，亦即體驗性[5]未進入，也未連結他的「渴望」。

5 體驗性，是指讓他有感覺，更進一步說是「深刻的感覺」，並且是「在那樣的感覺裡停頓」。在人的成長過程，發生了事件之後，人往往會忽略感覺，或者被感覺困住，因此發展了很多迴路，讓生命的能量被阻礙，只有讓當事人願意重新去感覺，而今天長大的當事人，因為已經長大了，就有了能力去照顧當年的自己，因此體驗性很重要，不是只在頭腦的認知上工作，而是在大腦的迴路上工作。

因此我以體驗評估，讓他在兩個冰山體驗，在童年的冰山，以及此刻成人的冰山，評估新的「觀點」是否進入？他是否真的改變了？

他的觀點看來鬆動了，但是停留在頭腦層次。

重新檢視我們的對話。

最初我的探索裡，當男人期待失落了，我從「觀點」、「渴望」的層次提問：「**你能接受自己做不到嗎？**」

當時他無法接受。

當我回溯到童年，他體驗童年的冰山：他是認真的、害怕的、難過的。他與自己更靠近了，有了較深的同理，比較鬆動了觀點，能接受自己做不到，不會站在師長的角度，去批評那樣的自己。

他剛剛脫離了師長的角度，看來，還沒有真正脫離，要怎麼讓他更同理自己呢？

我的方式是重現場景，再次體驗童年冰山，那是成人內在的源頭。我進入「觀點」層次提問，重整他對自己的看法，去看見生命的全貌。一旦他對自己有正向觀點，才會湧入「渴望」層次，真正體驗愛自己，讓生命能量流動。

因此我在觀點問他：「**你怎麼看待這孩子呢？他這麼認真算數學，卻可能算不出**

來，**他是故意算錯？或是故意不算嗎？**」

阿P再次掉淚了：「他不是故意的，他很努力想要上進。」

這是他原始的期待，他很想努力上進。

但是當他做不好時，大人對他嚴厲責罵，他的期待轉為：「自己不想被罵。」

如何才能不被罵呢？他為了求生存，他的期待變成：「我不想做。」

我將這樣的變化，稱為「期待三部曲」。

你已經很不容易了

當阿P為自己說話，並且感到難過，表示阿P已經轉換視角，我視為右腦的工作，搭配著左腦的問話[6]，都是以體驗為主，並且建構新的邏輯，我再次夯實正向觀點：「**那你怎麼看待他呢？這個努力的孩子。**」

6 左腦一般是掌管邏輯，右腦是掌管情緒的迴路，人因為情緒迴路卡住了，邏輯腦要解釋卡住的狀態，找出一個求生存的方式，使得人陷入求生存狀態。因此，將情緒迴路疏通，思考就不用解釋這個狀態，不用為這個狀態求生存，生命的真實能量就會顯現。

阿P的淚水更大量，如江水潰堤般湧來，他哽咽的說：「我覺得他很不容易，這麼困難、煩躁了，他還願意堅持。我覺得他真的很厲害……」

阿P的觀點更為正向，也更多的體驗，我進一步為進入「渴望」提問：「**你會欣賞這個孩子嗎？**」

阿P點點頭說：「我會。」

我讓他在這兒停頓，充分體驗童年冰山，也就是去愛童年自己，讓他與自己渴望連結，那是當年未被陪伴，只是被要求的自己。

我再回到成人角度，回到成人的冰山，繼續往下提問：「**如果他願意嘗試了，但是卻沒做好，或是因為累了，而暫停做下去，你會願意接納他嗎？**」

阿P吐了一口氣，較深刻堅定的說：「我願意。」

當阿P這樣說，表示他漸漸不與自己對抗了。

這一連串的好奇提問，阿P冰山的演變，常常有人說我是魔術師，其實是冰山層次的變化，我只是慢慢撬開而已。

我要在他願意處深入：「**你怎麼願意呢？他並沒有做完。**」

阿P聲量放大了，這是情緒的起伏：「他很努力了呀！他也很堅持，為什麼他不可以休息？為什麼他不可以……」

他站在「童年」身邊，為「自己」說話了。他現在以大人的身分，陪伴著當年童年的自己，我看到這樣的圖像，正如同長大的他，陪著一個怯生生，攀岩都攀不好的自己，去接納、疼愛與等待自己。

我再深入他的看見：「**你會看見這部分嗎？看見他的努力與堅持。**」

阿P情緒激動的說：「我當然會。」

當他願意了，觀點更實在了，我要在體驗性強化，才能帶來深入的改變。我看他滾動的淚水，問：「**你的眼淚是什麼？**」

阿P讓淚水盡情流動：「我為他感到感動。」

當他為自己感動，這是「渴望」層次連結，要深化這個變化，即是在「渴望」層次工作：「**你感動什麼？**」

阿P仍然處在高昂情緒，語帶激動哽咽說：「我感動他怎麼可以這麼堅強。」

「**除了感動，還有別的感覺嗎？**」

「我為他感到難過，難過他不被瞭解，他就不想要嘗試了。」

「**你會是理解他的人嗎？**」

「我會。」

我反覆在此處工作，提取他此刻的觀點，當他願意陪伴自己：「**那你再想一想，你若是發自真心對他，要對他說什麼，他才能感受到力量，感受到你的理解？**」

阿P停頓體驗自己，情緒一波波上來，他帶著情緒說：「你真的很堅持，看到你這麼努力，又不被理解，我心都碎了……」

他哭泣了很久，我停在這兒讓他哭，這是他對自己的愛。他繼續說：「你能那麼堅持，我為你感到驕傲，謝謝你……」

除了欣賞自己，也需要對自己接納，我要落實這部分：「**能接納他做不好嗎？如果能的話，你能告訴他嗎？**」

阿P點點頭，繼續說：「如果你做不到，或者做不好，你都願意嘗試，真的很不容易。我很欣賞你的願意……」

我再次確認：「**你相信這些話嗎？**」

阿P點點頭說：「我相信。」

我在感受上確認：「**此刻什麼感覺？**」

阿P體驗了一下，用深刻的聲音說：「我非常感動。我覺得被理解，也為自己感到驕傲。」

在現實層次落實

當阿P願意愛自己，更動了對自己的眼光，他如何面對練習好奇呢？這是回到落實的層次。冰山的對話脈絡，我區分為幾個層次，依序是探索、體驗、核對、轉化與落實，這兒即是落實的層次。

我此時問他：「**那麼回到此刻。我想確認一下，關於好奇的練習，你要嘗試練習嗎？**」

阿P肯定的點頭：「我願意嘗試。」

當阿P願意了，我繼續在他改變處探索，落地這個正向的轉變：「**你怎麼願意了？**」

阿P回答我：「我來這裡，就是要練習，想要來改變的。」

很多學員都笑了。

我一方面是幽默，一方面也是確認，在正向中好奇：「**但是剛剛你不願意，提到**

『為什麼要聽你的？』怎麼瞬間改變了呢？」

阿P表情確定的說：「這也是我想要的呀。我參考你的方式，為自己做出決定。」

「**這樣適合你嗎？**」

「我覺得非常適合。」

當阿P確定練習了，我再次回到最初提問，他練習好奇對話時，常會遇到的問題。

我以提問讓他覺知：「**但你回去對話，遇到『無法好奇』時，你怎麼辦呢？**」

阿P很認真的思考，過了一會兒：「我會停下來思考……而且我平常會練習，多找人練習幾次……還有，我會準備小抄，跟練習英文一樣，老師，我以前就是這樣練的。」

落實的過程會遇到困難，內在可能重回慣性，因此我在這兒提問：「**如果卡住了呢？你會懊惱嗎？或是責備自己？**」

阿P很有自信的說：「不會呀！我覺得自己很『衝刺』，好像回到學生時代。我會每天刻意練習，因為我和女兒卡住，每次都是那幾個情況。老師，我沒問題的。」

聽到阿P的侃侃而談，學員們又歡樂的笑了。

我再次回到當下確認：「**你此刻感受如何？**」

阿Ｐ說：「我感覺非常有力量。想要趕快回去練習。」

學員們又笑了，紛紛為他鼓掌。

我的對話結束前，我照例會問：「**我要停在這裡了，可以嗎？你還有什麼要說的嗎？**」

阿Ｐ這時清清喉嚨，要發表言論的樣子，他說：「老師，剛剛好像作夢，我好像在洗三溫暖……」

同學們再次哄堂大笑了。

阿Ｐ接著說：「真的是那種感覺。老師剛剛的問話，我都錄在手機裡……」

阿Ｐ從挑戰我，到不願意練習，到願意改變自己，這是冰山對話的神奇之處，也藉由阿Ｐ對話的示範，看一個較完整的對話呈現，以及看孩提時期被應對，對人的影響有多大。

小大人的傷：該怎麼愛自己？

——小黛的內在冰山

我邀請小黛深呼吸，試著去感覺胸悶，意識專注停在那兒。去感受自己的感受，這是對自己的看見，也是對自己的照顧。當我引導她專注，她試著靠近自己，只見她雙手抱胸口，身軀往前傾斜，身體突然顫抖起來，止不住聲的嚎啕大哭。

我等她哭了好一會兒，才慢慢問她：「當妳靠近自己，發生了什麼呢？」

「妹妹的鈕釦掉了……我要幫她縫褲子……爸爸躺在床上，他生病很久了……」

小黛哭出聲音，嚎啕的哭著，像是一個小孩子，哭得不可遏抑。她突如其來哭訴著，這一段話很突然，我還沒有弄清楚，她所說的是什麼？

「媽媽出去賣餅……弟弟也在哭，他每次都這樣，每次都會搗亂……」

被迫長大

到這裡我聽明白了。

當人專注靠近自己，專注在感受之中，常湧現過去的畫面，她此刻提到的故事，應是過去的故事。

大概哭得太用力，她被涕泗嗆到了，忽然不斷的咳嗽，費勁兒的喘氣。稍微緩過來之後，我問她：「那時候妳幾歲了？」

她不假思索的說：「七歲。」

她停頓了一下說：「我已經上學了。我幫媽媽煮飯，去幫爸爸拿藥，還要照顧家裡。有一天鄰居來了，她是我的同學，我們約好讀故事書，她拿一本故事書來，準備跟我一起讀，她還吃一包乖乖，問我要不要吃？我當然想吃啊。但是妹妹哭了，她褲子的鈕釦掉了，我去幫妹妹縫褲子，弟弟還在旁邊亂鬧，我不能放著不管。等我忙完了以後，乖乖也吃完了，她也要回家了，我沒讀到故事書……」

小黛說到乖乖吃完，沒讀到故事書，不禁又悲從中來。

她瞬間記起這故事，看來並非偶然。

那是一個小女孩，被忽略的開始，屬於她的故事被拿走了。

在那樣的年紀，應該跟她的鄰居一樣，吃著零食或玩遊戲，被爸爸、媽媽照顧，過著幸福的童年。

但是她年方七歲，竟然會煮飯了，還為妹妹縫鈕釦，更要分心照顧弟弟，看著病榻的爸爸，並不屬於她的年齡。

小黛哭泣了一陣子，眼淚稍稍停歇，情緒變得穩定，瞬間回到大人樣子，也不像剛進門時的慌亂。

她刻意深呼吸幾次，隨後開始冷靜敘說：「我一直都記得清楚。七歲那一年，我剛剛上小學，爸爸生病了，長時間躺在床上，他一直都很虛弱，不知道是肝病？還是有其他的病？他不能出去工作，只能靠媽媽賺錢，她在市場賣蔥油餅。那天媽媽回家，看到我在掃地，因為妹妹打破碗，爸爸還躺在床上，弟弟又那麼小，當然是我要去掃地，媽媽神情很安慰，稱讚我已經長大了，能幫她分憂解勞，我那時候決定，要好好照顧我們家……」

「妳能讓自己休息嗎？」

小黛聽到這裡，突然憤怒的說：「我怎麼能休息？我休息了，家人怎麼辦？」

「提到休息的時候，妳突然很生氣，這個生氣是對誰呢？」

小黛掩面說：「我不知道。我真的不知道……」

我想小黛真不知道。

被剝奪了童年，不能休息的小黛，她能對誰憤怒呢？她的憤怒也不被允許吧？或者，她對問她「能休息嗎？」的我憤怒，來自「她不允許自己休息」。

童年決定如緊箍咒

「如果不能休息，那麼，小黛怎麼辦呢？誰來照顧她呢？」

「我很努力呀！我會照顧自己呀。所以不用媽媽操心，我一直都很乖，功課也都很好。畢業後很努力賺錢，我也很關心別人，成為超級業務員，後來我發現賣房子很簡單，我自己買房子設計，再轉手賣出去，利潤會更好。我已經不愁吃穿了，現在過得很好……」

談到這裡她理智很強，瞬間不懂她要什麼？我想，她也經常在擺盪，理智不斷困惑打架吧。

她將努力賺錢，視為照顧自己嗎？她的物質條件，已經很充裕了，那麼她滿足了嗎？感到安然愉悅了嗎？這些生存上的應對，常讓人內在匱乏，也常會無比困惑。

我在此核對談話目標：「妳剛剛告訴我，來談話的目的，想知道自己怎麼了？為何總有做不完的事？妳現在知道了嗎？」

小黛瞬間困惑了，停頓了一會兒，她笑著告訴我：「可是我好累呀！」

她的頭腦與心靈，陷入了困惑狀態，這是頭腦的認知，與身心的體驗相悖，為她帶來的矛盾。頭腦是「努力賺錢」、「好好奮鬥」、「滿足物質條件」，這樣理應照顧自己了，一切都沒有錯呀！但是心靈的體驗，卻是「好累呀！」

我再次與她核對，關於她說自己不能休息。

「那麼，妳可以休息嗎？讓自己停下來，安頓自己的內心，讓自己好好休息？不讓自己那麼累。」

聽到讓自己休息，她的頭腦立刻啟動了，那是童年的決定之一。她立刻又慌張的說：「不行、不行、不行……」

伴隨著她說不行，她又開始流淚了。

可見她的身心，一直給她訊息呢，流著眼淚告訴她，請她關注自己，但是她的頭腦，卻忽視這個訊息，彷彿她被忽略的童年。她始終在備戰狀態，不只是在備戰狀態，還有她頭腦的不允許。

「那個已經很累的女孩，妳可以愛她嗎？」

小黛伴隨眼淚，不斷的搖著頭。

「搖頭是什麼意思呢？是不要愛她嗎？」

小黛說：「我不知道怎麼愛？」

我接著跟她核對，請她先確定目標：「不知道怎麼愛，沒有關係。我現在可以教妳，但是我要聽妳的意見，妳願意愛她嗎？」

小黛恍忽的回答：「我願意吧……」

「如果妳願意愛她，那她可以休息嗎？她已經很累了。」

她依然堅持著：「不行。她不行休息。」

「能告訴我嗎？不能休息的理由？」

小黛急促的說：「如果休息了，爸媽怎麼辦？家裡怎麼辦？」

「妳爸媽呢？現在過得好嗎？」

小黛再度掩面而泣，「爸媽都已經走了，他們已經離開了……」

待小黛心情稍微平復，我問：「他們已經安息了，小黛可以休息了嗎？」

小黛沒回答我，反而告訴我：「我的頭好疼。」

「頭疼在告訴妳什麼呢？」

這回小黛沒說「不知道」，悠悠的說：「告訴我應該休息了。」

「那妳願意讓自己休息嗎？」

小黛突然抬起頭，「可是我很努力，媽媽才會感到安慰，我永遠記得她的眼神，我怎麼可以休息？」

小大人的代價

早熟的小黛，至今執著不休息，只為了照顧身邊的人，那是長大的證明。七歲的小女孩，還只是個小孩子，卻過早成為「小大人」，學會切斷了自己的感覺，忽略自己的需求，但是她也有需求，她也會感到疲憊，她不是一個工具，是個活生生的人，這個代價太大了。

我回到她的「渴望」探索：「媽媽愛妳嗎？」

小黛猛點頭，伴隨著眼淚說：「愛。」

「如果媽媽愛妳，當妳累的時候，媽媽會希望妳休息嗎？」

小黛淚流滿面的點頭，「會。媽媽會希望我休息。」

「那妳允許自己休息嗎？也去愛這個女孩，去回應媽媽的愛？妳要嗎？」

小黛這時才鬆動了，嚎啕著說：「好。我要……」

當小黛願意了，允許自己休息了，就能放下無形的重擔，那些莫名的壓力感。接著，我將這份允許落地，成為她生命中的自由，引導她看見自己，邀請她靠近自己，也邀請她愛自己。

當她接納自己了，允許自己擁有選擇，整合她豐富的資源，在意識上就能關注當年的自己。那個曾不被關懷的孩子，能領受自己的關懷，那應也是她父母所期望。

這一次的談話結束，小黛的頭腦很混亂，身體既感到放鬆，又感到無比疲倦，她的頭不斷向下沉。

她感到非常奇妙，因為肩頸的緊繃，還有胸口的沉悶不見了。她決定回去好好休息，她的整合自己之路，才正要開始展開。

這次與小黛的談話，快到尾聲的時刻，我們在安靜中停頓，窗外傳來車子打方向燈聲音，竟是剛剛那台卡車，噴著「超耐磨」黃色字體，已經卸了車上的貨，正在路口閃著燈待轉。小黛見了啞然失笑，笑稱怎麼那麼巧？是告訴她要卸下重擔嗎？是在說自己「超耐磨」嗎？小黛認為那是媽媽帶來的神蹟。

小黛明白了一件事，過去所有人要她愛自己，要她懂得好好休息，她也認為夠愛自己，也以為有好好休息，卻沒料到內心不允許。當她不允許自己休息，在心境上與行動上，她總是像蒼蠅一樣，無方向的飛來飛去，即使物質條件滿足了，內心世界仍然匱乏。

當小黛還是個孩子，卻過早成為大人，直到成年之後的她，不斷想要幫助人，卻忽略要看見自己，使得她在婚姻之路、親密關係也受了阻礙，因為她與自己不親密，與伴侶之間的關係也扭曲了。

設想一個人感到累了，內心卻不允許自己休息，這不是很奇怪嗎？表示她並不自由。

她要不要休息，要不要忙碌？完全是自己能決定，這也是幸福的條件。一個完整的人，理所當然能決定自己，但她從小就是大人，那就不是自己了，而是滿足大人期待，這並不是一件好事，小大人的代價可能要一輩子負擔。

生存法則：如果停下來，我會被淘汰

——小芳的內在冰山

小芳訴說自己的努力，從小以來的艱辛，她如何咬牙捱過，那是她的生存法則……。

小芳回家做功課，覺知自己的身心，若不願意停下來，身心不易體驗。她看似做了功課，但是她的內在運轉，潛藏著一個觀點：「不能停下來。」

這是一般人的困境。

我問小芳：「發生什麼事情，不能停下來？」

小芳說：「如果停下來，我會被淘汰，會被瞧不起，也會被責罵，我不能停下來。」

這是為了求生存，為了活下來，不得不如此，乃學習而來，忽略了「存有」本身。引導意識轉一個念，需決定意識的去處。小芳觀點卡住了，我轉向探索「期待」，讓她覺知要去哪裡？

我輕敲探索：「願意為自己停下來嗎？即使做不到，也沒有關係。」

小芳搖搖頭說：「不願意。」

對這樣的現象，我很有耐心：「怎麼不願意呢？妳可以做不到，但是妳可以先決定，願意『停下來』，妳要嗎？」

小芳說：「我不願意。因為，我不能停下來。」

要決定新去處，為小芳的「期待」定向，是確定她的選擇，我們要去的地方。但她仍受過去制約，她不能「停下來」，那幾乎成了座右銘，鐫刻在她骨子裡，即使「停下來」才有益。

慣性思維

對話是我的工作，協助人靠近自己，靠近自己的心，曾被忽略的自己，涵養被忽略的心。

我在「期待」中工作，進入「渴望」的層次。

我看著淚眼婆娑的小芳：「什麼樣的選擇，對小芳更好呢？是停下來，還是不停下來？」

小芳停頓思索，噙著眼淚說：「停下來是更好的。」

這個問句小芳停頓了，去體驗自己內在，即是問自己的心，才能擺脫過去慣性思維。

我接著問：「妳是否可以為小芳，選更好的選項呢？」

小芳表情非常遲疑，顯得十分猶豫。她應該陷入困惑，感到混亂吧！因為，這與她「鐫刻在骨子」的慣性不同，改變慣性會帶來混亂。

我停頓等待一陣子，再提問兩次。小芳終於點頭答應了。

小芳點頭答應了，是頭腦願意鬆動了，心靈如何也願意？我的方式是先決定，決定了以後告訴自己，告訴自己之後去體驗，通常能漸漸鬆開頭腦。

我邀請小芳複誦：「我願意為小芳停下來。」

小芳相當聽話服從，她開始複誦：「我願意為小芳停下來。」

當小芳複誦的時刻，我一邊稱讚小芳願意，一邊評估她說的話，聽來仍只是頭腦的層次。

我請小芳再次複誦，小芳又複誦了一次。

我第三次邀請她，請她再嘗試讓我看，請她貼著自己的心，請她感覺對自己的愛，真心的邀請自己。

當小芳第三次複誦，才一開口說：「我願意……」

小芳哽咽說不下去。

這就是體驗性，她開始體驗自己。

她停了好長的時間，我讓她先體驗自己，才試著探索：「這裡的哽咽，是發生什麼了呢？」

她流著淚說：「這裡是委屈。我心疼自己。」

她能心疼自己，正是看見自己了。

過去她的愛自己，都是頭腦上的認知，而非真實體驗愛。

我請小芳慢慢來，慢慢體驗心疼自己，慢慢靠近著自己，這是個新的意識。

她停在這裡很久，慢慢體驗自己，工作坊眾人看著，很多人因此落淚了。

我邀請她體驗完，再試著說出那句話。

但是小芳無法再說下去。

當她準備好了，又試著說了幾次「我願意……」

但是小芳都哽咽著，難以為繼，說不下去了。

重新自我連結

愛自己竟是這麼難，因為過去沒有經驗，她選擇新的方式，自然遭遇到困難，我請她慢慢來，習慣去愛自己。

她是如此努力，在工作坊現場，看出她用了大力氣，但卻說不出「停下」這兩字。

我看她這麼努力，我請她停下來，不必再努力「說」了，我再慢慢陪她。

我請她停下「願意停下來」。

但是小芳不願意，仍繼續努力要說出「我願意為自己『停下』……」

她的資源正是「不能停」。此刻，她不能「停下」「願意停下來」。

這有點兒像繞口令，但是現場讓人動容。

小芳用了洪荒之力，終於說出：「我願意讓小芳停下來……」

小芳說完這句話，伴隨著很深的哭泣。

我請她停在心裡，體驗自己此刻的心靈。

小芳停在這裡很久，身體小小的抽搐著，眼淚一波又一波，她的內在發生什麼呢？

小芳淚眼模糊，雖然大量掉淚，但是臉龐漸漸開朗：「我剛剛看到一個小女孩，那個小女孩就是我自己，她一直背對著我，一直面對牆壁，不願意轉過頭來。當我說出『願意讓小芳停下來』，並且去感覺自己之後，心裡的那個小女孩，竟然慢慢轉過身來，面對我了……」

小芳說到這裡，又深深的哭泣了。

接著，小芳斷斷續續的說：「小女孩轉過來，她看著我的時候，她瞬間膨脹了，好像一夕間長大了……」

小芳說到這裡，又哭泣了一陣。

小芳說：「我好想擁抱她……」

小芳在意識裡，去擁抱了自己，這是「自我」的連結。小芳後來說自己放鬆了，有了很多的能量，她瞭解什麼是愛自己了。

如果人的成長歷程，能被大人愛與接納，就能靠近自己的心，為自己做出好選擇，讓自己更有能量，面對世界的各種挑戰，享受每一個當下，這正是每個教育工作者，要培養孩子的內在心靈。

第2輯

培養孩子生命的能量

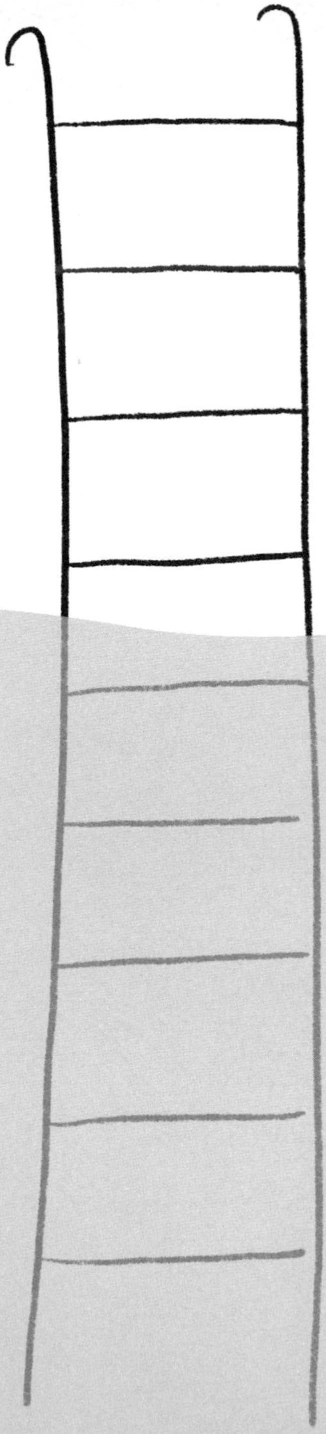

幼兒在成長期間，面對挫折、困難、失落的態度，將成為日後養分；關鍵在於大人如何陪伴回應，引導孩子內在的力量。

接納
怕挫折的孩子

攀岩體驗

在雨果幼兒園裡，設置有攀岩場，高四．五公尺，寬度達到八公尺，彩色的牆面很夢幻，園方請來攀岩教練帶領，給小班以上孩子參加。孩子學習穩定自己，讓手腳感覺岩場，何處是凸起來的部分？何處是指頭能使力？試著體驗這些岩石，練習如何協調肌肉，運用手腳的協調性，增加自己的力量與耐性，學習維持身體平衡，透過攀岩培養勇氣。

大部分的孩子天真，在教練的指導下，很樂於觸摸、蓄力與攀爬，彷彿我童年愛玩耍，想爬上高處挑戰，只是過去沒人指導如何善用肌肉力量，單憑自己直覺攀爬。當年攀爬樹木、石頭，常被大人嚇阻，利用恐懼壓制孩子，有的孩子被恐懼激發，因而做了大量反叛，有的孩子增生恐懼，常常被恐懼占據，行為上常猶豫不決。

我孩提時住在鄉下，看到高處就想要攀爬，只要有適合著力的點，就想上去經驗一下。我與鄰家的孩子們，爬遍家附近與公園的芒果樹、龍眼樹與榕樹，還有難度較高的大樟樹，也在河堤的石堆上攀爬，到了公園更流連於爬竿、旋轉地球儀、各式單槓，當時沒有教練教導，全憑體內的本能玩耍，每當看見可攀爬事物，對一幫孩子極具吸引力。

看到幼兒園的攀岩場，我腦海裡跑出的畫面，不只是童年的回憶，還有孩子垂降的身影，那是我在山中任教的印象。

山中學校開了攀岩課，但學校沒有攀岩場，需要校車載到山下，租用別人的攀岩場。可能是學校的登山課，抑或是學校的風氣，也可能是攀岩吸引人，學校近半數學生選修這門課。孩子們每週上課，到攀岩場戴上頭盔，繫上確保安全的繩索，由教練一步一步訓練。

但是有些孩子懼高，即使跟著上這門課，也未必敢攀岩或垂降，只是跟著去當觀眾，聽聽教練解說知識，觀看同學們垂降訓練，如何考量著力點攀爬，有些畏懼的孩子看久了，被同儕溫暖的鼓勵了，也就有嘗試的勇氣了。

我還記得十五歲的女孩M，一直不敢嘗試訓練，只是跟去當觀眾而已，一次鼓足了勇氣上去，準備練習垂降的時刻，懸在空中哭了起來，因為實在太恐懼了。教練亦沒有勉強她，安慰與鼓勵她之後，讓她下來重新準備，同學也給予關懷，日後她又逐漸有勇氣，願意重新嘗試垂降，也敢於練習攀岩了，並且成功完成了訓練。這個等待的過程，給予接納、溫暖與鼓勵，對於學習者非常重要，這是對身心的關注，能走更長遠的路。

恐懼無法強硬驅散

很多人感到疑惑，既然有專業教練，也已經有繩索確保，為什麼還會恐懼呢？恐懼是一種感受，人都曾經歷恐懼，只是恐懼的事物各自不同，有人對高度感到恐懼，有人對空間恐懼，有人對昆蟲、小鳥或小動物恐懼，也有孩子對英文、數學、中文感到恐懼，有人對某類型的人恐懼，並非理性的邏輯就能驅散。恐懼需要被接納，需要溫暖的等待，需要有創意的引導，才能克服恐懼關卡，最忌諱以強硬的手段，驅趕人對某種事物的恐懼，通常恐懼不會被驅走，只會深埋於身心之內。

我的孩提時代，人們不瞭解大腦運作，對恐懼採取強硬的態度，只考慮如何達成目的，卻忽略此舉產生的衝擊。曾經有人不會游泳，一入水就感到恐懼，卻被大人丟入水中，雖然因此學會游泳，卻需付出身心的代價，比如揮之不去的陰影，面對事物感到恐懼，冰山的「渴望」層次不穩固。我最常解決的方式，就是縮小恐懼的影響，讓恐懼不再占據主導，就有能量展現自身力量。

恐懼不是小孩的專利，大人也常感到恐懼，只是大人不常承認，有時更難以表達。二十年前我登大壩尖山，教練派人登頂之後，將繩索從壩頂放下，由助教協助安全確保，握著繩子走一段陡壁，再攀岩登上最後一小段，全程安全措施都妥善。仰看陡峭壯觀的大壩，不少人猶豫是否上去？幾位高大男士看了許久，最終搖搖頭放棄了，並未說出心中理由，也許恐懼不易說出口，尤其是從男士口中。有位女老師走到一半，腿腳瞬間發抖軟掉，在半空中啜泣起來，最後由人攙扶下來，可見恐懼隨時出現，無論確保多安全？任何人都會經歷恐懼，理性說服不了腦袋。

我是登山的執行長，率領第一批孩子登頂，離開壩頂需要垂降，平常調皮大膽的男孩，展現勇氣自願先來，孰料他走到垂降點，見數百公尺的懸崖，頓時害怕得退縮了，上得了壩頂卻難下去，他趕緊推我走在前面，要我第一個帶頭垂降。我受登山助教協助，綁好繩索做好確保，在壩頂上登臨俯瞰，第一次見這麼高的懸崖，身心警鐘瞬間大響，恐懼竄上了心頭，雖然沒有影響我的身心，但若非我是個老師，若非我是執行長，我也不願身先士卒。

然而登頂與垂降過程，給予我壯闊的經驗，肌肉與心志得到鍛鍊，也得到一種挑戰完成的滿足。面對登高的恐懼感，多登臨幾次就熟悉，恐懼也就不再影響。比如M這個孩子，她個性怯生害羞，攀岩課面臨垂降哭了，過了幾堂課才垂降成功，卻跑來問我登壩經驗，關於壩頂的風光如何？助教如何協助確保？陡壁會不會難走？我據實分享自己的體驗，也提及自己感到恐懼，還有一半的教師也未攀登。我原意讓M同理自己，不因為未攀爬大壩而遺憾，不對自己產生自責。

未料M告訴我考慮上壩，她不想錯過難得機會，她只是為自己做評估，自己適不適合上去？絲毫沒有勉強自己。最後M猶豫很久時間，竟然決定嘗試登上壩頂，並且完成了攀登與垂降，M也為自己感到驕傲。

登高與垂降的訓練，讓人需直面恐懼，藉由被陪伴與鼓勵，學習與恐懼相處，不被恐懼給掌控，也學會看見自己。

探索孩子恐懼的冰山

幼兒園進行攀岩的活動，大部分孩子感覺有趣，也有孩子會感到恐懼。比如小Q這個女孩，小小身軀站上攀岩場，一套上安全吊帶就哭了，這時老師過來陪著小Q，幫她意識到害怕與難過，並且接納這樣的歷程，讓她明白不是她不好，而是每個人不一樣。

孩子的情緒流動很正常，哭泣只是人的反應，老師溫暖安撫等待，沒有任何責備、催促，或者加油，就是最佳的陪伴方式。

小Q流動情緒之後，大人能安然接納，身心就能回到當下，「她無需用力對抗大人，也無需用力對抗自己」，就能嘗試觸摸岩石，感覺手能扶著岩石，對岩石產生信任感，也讓小Q腳觸著石頭，等她再次準備好了，再踏上攀岩場嘗試。

若是大人責備、催促，甚至過度加油，通常孩子「自我」層次，會感覺自己不夠好，孩子的「渴望」層次，往往覺得自己無價值，不接納自己的狀態。

各位不妨看看下頁的冰山圖，我標示出「渴望」與「自我」層次。

請閉上眼睛想像，假如自己是孩子，在如下情境之中，感覺自己的狀態，並且想像大人在旁，責備、催促，或者過度加油時，體驗「渴望」與「自我」層次，請讀者用筆寫下來：

・當自己站上攀岩場，心裡感到恐懼而哭泣。

・做一道數學題，心裡感到焦急而恍神。

・一件事沒做好，感到生氣又沮喪，正不知所措。

思索大人的各種應對，讓孩子的「渴望」與「自我」層次，帶來什麼變化？

自我層次可以這樣看：「我如何定義自己？」簡而言之，就是「我覺得自己怎麼樣？」

渴望層次就是：「自己有價值嗎？」、「被自己接納嗎？」、「感到被愛嗎？」

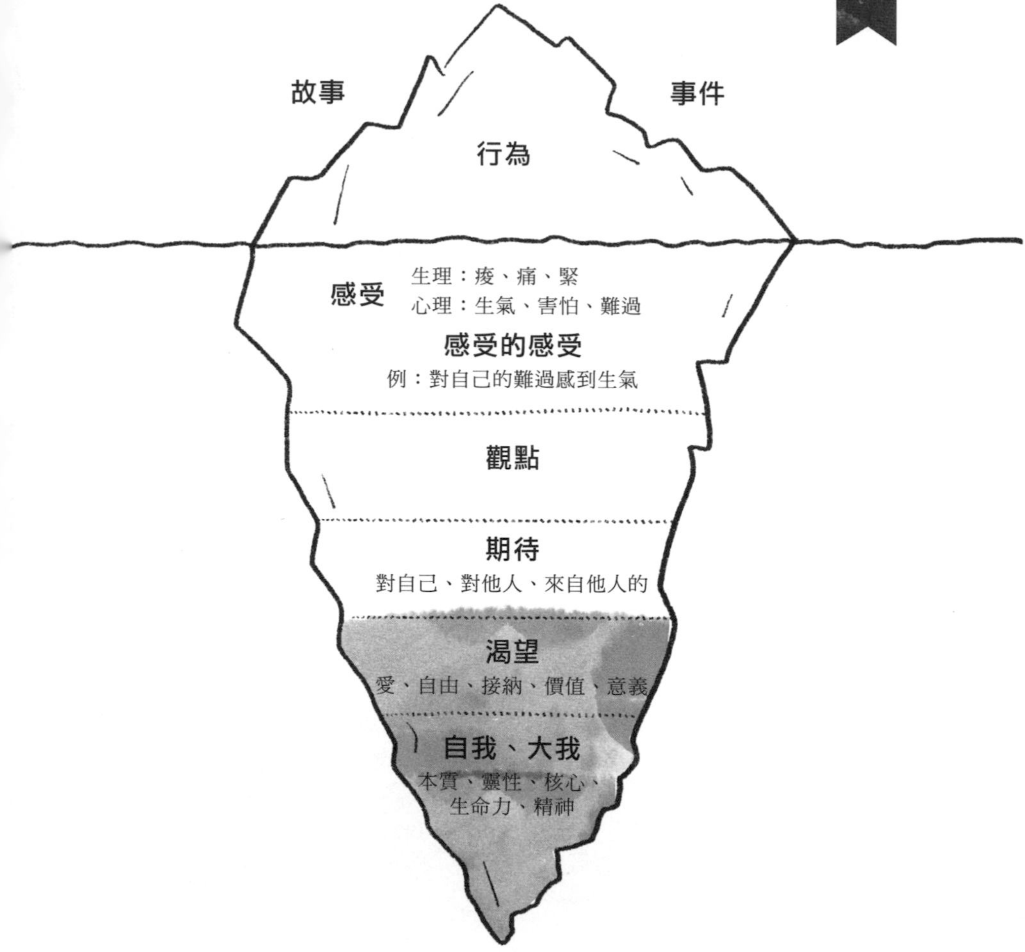
故事
事件
行為
感受
生理：疲、痛、緊
心理：生氣、害怕、難過
感受的感受
例：對自己的難過感到生氣
觀點
期待
對自己、對他人、來自他人的
渴望
愛、自由、接納、價值、意義
自我、大我
本質、靈性、核心、
生命力、精神

當大人責備你：……………………

「腳往前伸出去都不會」、「手不會往上抓嗎？」、「你是幹什麼吃的？」、「你就吊在上面好了，我不理你了。」、「你不爬上去，我就不買糖給你。」

當大人催促你：……………………

「快點快點」、「不要拖拖拉拉」、「跨過去就好了，快一點。」

當大人說道理：……………………

「不要害怕困難」、「不勇敢怎麼長大」、「像個男孩」、「人生就是要超越」

不理你或過度加油：……………………

留你在上面，大人轉身離開。

當你面對困難很久，大人的加油聲聲催促不斷。

當大人這樣對你，感覺一下冰山的「自我」與「渴望」層次。

自我層次：……………………

你覺得自己怎麼樣？

會覺得自己是很棒的人嗎？

渴望層次：

會感到自己很有價值嗎？

會感到自己被接納嗎？

會感到自己被愛嗎？

孩子常覺得自己爛透了

如果你做了測試，你有什麼發現？

我曾設想自己是孩子，我發現一般大人習慣使用的應對，在「渴望」與「自我」兩個層次，很少帶來美好的結果。

未來一旦遇到恐懼、壓力、挫折……低自我價值感就出現了，不接納自己做得不好，自己一點兒都不可愛，沒有辦法有其他選擇（渴望層次的自由），常覺得自己爛透了（自我層次）。

「自我」與「渴望」層次，是人的能量來源，尤其幼兒期大腦發展，形成人生中的

「正向」或「負向」能量。

若理解「渴望」層次，就明白為何孩子「用力對抗大人」？

因為孩子要保護自我，維持自己的價值感。

若理解「渴望」層次，就明白為何孩子「用力對抗自己」？

因為孩子不想承認，自己可能沒有價值，衍生出對自己生氣，對世界也感到生氣，衍生出各種矛盾思緒，這就是「渴望」層次不穩固，影響冰山「期待、觀點與感受」層次。

這樣的冰山一旦成形，到了身心變化巨大的青少年，遇到挑起「沒自我價值」、「不被接納」、「不被愛」與「感到不自由」的狀態，內在經常矛盾混亂，但這些並不被意識。因此，熟悉我對話的朋友，知悉我對話的目標，皆是以「渴望」與「自我」為目標。

比如我曾在《薩提爾的對話練習》寫到的十四歲少女小玫，正是外在「用力對抗大人」，內在「用力對抗自己」。

她覺得世界好煩，為什麼要逼她讀書，她不想花時間讀書，她生氣的對大人說：「讀到博士還不是賣雞排？」

她的內在感到空虛，不知道自己要什麼？她討厭自己的空虛，討厭自己軟弱無力，討厭自己沒有目標。

她的學校成績低落，但是她不想努力，對提醒她的大人反抗，內在又對「不想努力」有批判，而且，她並不真的想放棄，卻難釐清自己的狀態。

我到小玫學校演講，她與媽媽一起聽講，聽我分享求學的痛苦，聽我孩提時內心的不安。小玫聽到了她的心聲，接下來她聽見我的工作：如何陪伴孩子成長？怎麼樣才算愛孩子？因為，沒有孩子想要墮落……。

小玫當時很觸動，會後主動查我的資料，向媽媽要求上我的課，並且向我訴說「人生沒有目標」，想要尋求我的協助。

呵護渴望與自我層次

我與小玫的談話，在《薩提爾的對話練習》，呈現了談話的內容。經過一次深入談話，兩次短暫核對之後，小玫的成績大幅進步，她感覺自己有目標，心裡也有了力量。但是，我的目標不是成績，我的目標是「渴望」與「自我」，這些在成長歷程中蒙塵的能量。當我協助她找到價值，找到對自己愛的感覺，而不是依靠外在的成就，她心裡的矛盾就減少了，內在不需要對抗自己，外在不需要對抗大人，她能更專注而不分心，她就能為自己負責任了。

各位讀者不妨將小玫「想像成幼兒」，將幼兒「想像成小玫」。將小玫的課業「想像成攀岩」，將幼兒攀岩「想像成課業」。幼兒攀岩與小玫的課業，都是一樣的道理，只是幼兒大腦正在迅速發展期，大人如何應對孩子，對幼兒帶來更大影響。

幼兒園的孩子攀岩，遇到了挫折與恐懼，大人的陪伴與回應，正是為孩子生命奠下根基，呵護「渴望」與「自我」層次，讓他們長大後有能量，這即是對身心的照顧。

陪伴、等待害怕的孩子

關於愛與接納的實踐，在幼兒教育中落實，就是態度溫暖的陪伴，一次次耐心教導，同理孩子的情緒，多好奇孩子的想法。

我看到雨果幼兒園的老師，教導幼兒掛一條毛巾，即使老師示範過了，孩子仍然會掛不好。老師理解這就是幼兒，因此都有接納的心，內在溫暖而平靜，能一次又一次示範，並且看見孩子的困難，得以更細膩的協助孩子，每次的過程可能要花五到十分鐘，孩子漸漸就學會了。

老師懷著接納與愛，不憚其煩的耐心教導，最重要的不只是教會，而是幫助孩子累積生命能量，涵養冰山的「渴望」層次，是幼兒教育的重要養分。

小Q攀岩遇到困難，比掛一條毛巾更難，也更容易感到恐懼，教師耐心的等待，溫暖的陪伴在身旁，就是生命中美好的經驗，內在的能量漸漸蓄積，也就有了挑戰的勇氣，這經驗對人的成長非常重要。

小Q漸漸能站上去了，但是一挪動腳步，小小的腿腳顫抖了，不敢往高處攀爬，教練卻稱讚小Q勇敢，害怕了也願意嘗試，邀請小Q不用著急，已經進步非常大了。接著引導小Q橫著攀岩，以水平的橫攀練習踩穩，小Q在眾人的陪伴下，漸漸適應了站穩腳步，終於開始朝高處攀爬。

看小Q攀爬的歷程，如同冰山底層的建構，逐漸穩固根基之後，上層攀爬就不是問題。

最可愛的是其他孩子，當小Q怯生生哭了，沒有人出言不遜，沒有人嘲笑或謾罵，反而會出聲鼓勵她，提醒小Q手腳的擺放，哪一顆石頭可著力？哪裡還差得很遠？孩子們還會出言安慰，鼓勵她慢慢來。

小Q在攀岩過程中，漸漸學會調整自己，這是重要的經驗，最後終於成功攀岩。她的勇氣被蓄積了，認為自己能勇敢挑戰，也覺得攀岩很有趣，甚至在畢業的時候，她攀爬到岩頂敲鐘。

類似小Q這樣的狀況，初期對攀岩感到恐懼，但是被等待與陪伴，最終都有所成長，但不一定都能攀上頂端。比如小T這個男孩，也是每次站上去就哭。

讓孩子體驗自己價值

小T攀岩哭了，沒有人嘲笑他，沒有人催逼他，大家視為正常現象，都能接納與包容，小T就不會覺得丟臉，不會覺得自己糟糕。

老師的陪伴與等待，顯現在語言、語氣與態度上，曾經等待他三十分鐘，甚至攀岩的人都離開了，小T仍在慢慢熟悉岩場，練習站穩每一顆石頭，老師當然也沒離開，陪小T共同體驗自己，伸出探索的手，邁出嘗試的步伐，這個畫面對我而言，彷彿是人生的隱喻。

小T大班那一年，即將離開幼兒園，他還未能攀上岩頂，但是他終於完成橫攀，老師與小T都很開心，看見自己的勇氣與成長。

在此可見幼兒攀岩，目標並非攀上岩頂，而是透過攀岩訓練，挑戰面對新事物，鍛鍊心志與肌肉，透過教師的陪伴引導，學會體驗自己價值，感受被接納的生命，將形成人生中重要基石。

這些攀岩的孩子，經驗被接納與陪伴，內心都有滿滿能量，遇到挫折也願意努力，不以外在成就評價自己。因為當他們挫折時，老師不曾給予壓力，因為他們的挫折已是壓力，大人陪他們傷心，陪他們害怕與哭泣，陪他們緩緩踏出腳步，陪他們伸出手探索。

大人的這些接納，讓孩子深感自己價值，也接納自己的狀態，他們在遇到困難時，被老師理解、陪伴與等待，而不是為達目的鞭策，這即是呵護生命能量，是人在幼年成長階段，最需要被滋養的部分。

如果生命能量塌陷了……

談到幼兒攀岩的過程，這裡說一個插曲，關於成年人生命狀態，與孩提時期被應對的方式，在這之間可見的聯繫，便於瞭解冰山架構，關於「渴望」與「自我」層次。

我在寫這篇文章期間，小D來找我談話。

小D是一位創作者，已經邁入五十歲了，他為各雜誌社撰稿，但是他寫稿壓力大，將近半年沒有接稿了，也很久沒有投稿給雜誌，內心充滿著焦慮感，不知道自己怎麼了？

小D找我談這個狀態，想瞭解自己發生什麼？

當小D知道我正在寫稿，寫幼兒攀岩的這一段，他想看我電腦的草稿，我很樂意的讓他看了，正好請他給我意見。小D一邊看我稿子，一邊不好意思的說：「我沒辦法做到像你這樣，把寫一半的稿子示人，呈現不好的一面，我會有極大的焦慮感。」

我們的創作領域不同，我寫教育與心理文章，這並非他關注的領域，但是他看到幼兒攀岩這段，人內在的能量蓄積，跟被對待的方式有關，他看得異常緩慢仔細，且陷入了自己的思緒。

小D看了一段文字，若有所思告訴我：「雜誌社每次寫信來，問我要不要寫稿？我都猶豫不決，最後關頭都推掉了，我很怕自己寫不出來。也怕自己寫不好，其實我很願意去做，並不是想要逃避，但是，我一直在逃避。」

小D說這樣的情況，從小學時代就有了。

每當老師交代任務，比如書法比賽、演講比賽、寫作比賽，他都因為害怕壓力，害怕讓別人失望，他會覺得很丟臉，沒有完成任務，往往就先拒絕，但他覺得自己並非逃避。

他沒代表班上比賽，卻偷偷在家練習，自己練習寫書法、練習寫作文，老師看到成品，總是生氣他不比賽，他不知道自己怎麼了？但他看到幼兒嘗試攀岩，看到生命能量培養，一個畫面進入腦海，他感到問題的由來，彷彿是出自於哪裡？

難忘爸爸失望的表情

他幼年時沒有攀岩，只有公園的溜滑梯，當時他們常去台中公園，哥哥、姊姊等一票孩子，去了公園彷彿樂園，孩子們會跑去溜滑梯，水泥做成的大象溜滑梯。

小D說自己年紀小，膽子也非常小，鄰居小朋友去玩，都溜得非常開心，他只能站在旁邊，因為他不敢溜下來。後來，他年紀大約三、四歲左右，爸媽帶他去公園，鼓勵他嘗試溜看看，他終於爬上滑梯階梯，但是他站在滑梯上頭，說什麼也不敢往下滑，爸爸一直在滑梯下喊：「滑下來呀！大膽滑下來就好了。」

他始終站在上頭，沒有勇氣滑下來。

他爸爸在下頭，伸出雙手作勢接他，並且鼓勵他：「加油！大膽一點，爸爸在下面接你。」

爸爸的話每說一次，他的心就揪了一下，但是身體沒有動半下。

爸爸仍不放棄，大聲的要他加油。

最後爸爸很無奈，只好讓他從階梯走下來，他看見爸爸失望的表情，他感到無比的難過。

他從小表現就不錯，是個聽話的孩子，為這件事情難過很久，以後即使再去公園，他也遠遠看著人家玩，聽著孩子們歡樂嘻笑，一點兒也不想靠近溜滑梯。

直到他有次看到一個地方，那裡也有溜滑梯，他這麼小的心裡，已經下了一個決定，他要自己一個人去，他要自己偷偷練習。

他並沒有從階梯上去，而是從滑梯底部往上爬，他練習爬到兩步高，然後順著滑下來，他再往上爬高一點兒，再緩緩的滑下來，直到高度越來越高，他終於可以爬上溜滑梯，從滑道最上端滑下來，之後，他才敢與孩子們參與溜滑梯。

他回想自己一直這樣，活在別人的期待下，怕自己達不到別人期待，他一直以成果看待自己。從小至大這麼長的時間，他都覺得自己沒有價值，不接納自己做不好，他記得父母嚴厲的要求，失望的神情，振振有詞的道理，最後父母改成鼓勵，他已經不相信那些語言。

小D問我：「這是不是渴望層次不穩固？」

小D說得對極了，「渴望」層次是生命能量，從孩提時期被大人關注，被大人應對的方式，形成的內在運轉程序。

小D問我可以改變嗎？

人永遠都可以改變，就如同小玫的狀態，引導她重新接納、連結與愛自己，慢慢就會有所改善。

在第一輯「童年自我影響一生」第一個案例中，詳細陳述我與主角阿P完整的對話，呈現過去曾被不當應對，「觀點」與「期待」層次如何夾纏不清楚？冰山各層次如何變化？

有心學習對話的人，得以更細膩的窺見，這個對話切入的關鍵，以及幾個對話的轉折，讓阿P的冰山得以顯現，應有助於中學生輔導，因為很多中學生有類似狀況。

探索與向上是人的本能

小D寫稿卡住了，猶豫著不知如何下筆，害怕自己作品不完美，是一連串小小失落引發，觸動了對自己的懷疑，感覺不到自己價值。

小D成長過程很聽話，他呈現的狀態如此，也有更積極努力的人，內在逼迫自己更緊，致使自己身心受損。然而更多人的狀態，遇到挫折與困難，乾脆就放棄了，但有些事卻不能放棄，比如學生遇到課業，職人遇到工作，身心就陷入痛苦掙扎。

二〇二〇年東京奧運，美國體操天后西蒙．拜爾斯，在團體決賽中退出，表示必須關注精神健康，她說：「我們必須保護我們的身和心，而不只是出來做全世界想要我們做的事。」

孩子在成長的過程，若是身心被保護，那麼他們長大之後，也懂得關注自己。關注自己身心，意味著身心調適更好，無論成敗都有價值感，為自己做出創造性選擇。若是孩子存有一個概念：一定要夠努力，或者一定要達標，才會值得被愛，才是有價值。那麼人的價值，就只是外在的表象，而不是生命本身，很多人就會不想努力，或者太過逼迫自己。

當人能體驗自己價值，怎麼會不想向上呢？也會更想探索這世界。

這些攀岩活動的孩子們，曾經被陪伴的經驗，正是體驗自己價值的歷程，會留在心間成為力量。

當攀岩的孩子們，肌肉更會使用了，手指的握力也更好，竟帶來諸多意外的收穫。

雨果幼兒園沒有寫字課，這是非常好的理念。設想幼兒握著細細的筆，在小框框內一筆、一畫、一順、一捺刻出字體，不利於幼兒握力發展，雨果雖然沒有寫字課，但是讓孩子仿寫，在主題課程記錄時，孩子以類似畫畫方式，仿寫國字在海報上，經過攀岩活動之後，大概是空間掌握更好，手指與手掌的肌肉也更好運用，孩子仿寫字寫得異常美，無論是結構與美感，都讓人驚訝激賞。

孩子在大班畢業時，自己做出畢業典禮海報，海報的內容從時間、地點、注意事項、版面的編排、字體的書寫、插圖的繪製，都是由他們親自製作完成。孩子寫出來的字體，較之小二、小三的學生更好，這是攀岩帶來的肌肉力量，也是等待過後的美好成果。

看著幼兒攀岩的樂趣，我也帶姪兒、姪女來，嘗試體驗攀岩活動，他們年齡九歲與十一歲，兩人玩得開心極了，跟我回饋攀岩「刺激又有挑戰」，看來，他們也是愛爬上爬下的玩耍。

我也很想回到童年，再次體驗樹上、壩上與單槓攀爬，給予我無限的自由感，也給我更多創造的體驗，對我成長的探索應該很重要。

陪伴
失落的孩子

Rosa老師離開了

「氣球飛走了。」孩子們驚呼著。

校園裡孩子仰著頭，注視一顆紅色氣球，氣球掙脫孩子的小手，逐漸輕盈的飄遠了。孩子們正跳躍著，小小的手揮起來，彷彿企圖抓住氣球，又像是跟氣球道再見。風很輕柔的吹拂著，氣球跟著風遠走了，成為紅色的小點點，孩子們目送氣球遠行，流露出悵惘的神情。

在雨果幼兒園裡，不知誰帶來一顆氣球？送到孩子的手上，孩子們輪流握住繩線，感受氣球在手上漂浮。這麼美麗的一顆氣球，前一刻還掌握在手上，下一瞬就被風吹走了。

孩子們既興奮又惋惜，回到教室還紛紛感嘆，那顆氣球好漂亮，怎麼沒好好抓著，風來得好突然呀……。

失去氣球的阿丹，第一時間衝回教室，他要說給Rosa老師聽，每當發生什麼事件，他都想將心情說出來，特別是說給Rosa老師聽，因為Rosa老師最懂他。阿丹喘著氣、嘟著嘴說了起來，最後問Rosa老師：「氣球會飛到哪裡呢？」

Rosa老師桌前一枝花，粉紅的色澤鮮豔動人，全校都知道是誰送的，那是愛情、親情與溫暖，是師丈每天送的玫瑰。Rosa老師喜歡玫瑰花，不只桌上擺著玫瑰，她手上正捏著紙黏土，看來又是一朵玫瑰。

玫瑰、玫瑰真美麗，就像Rosa老師一樣美。

Rosa老師一邊聽阿丹說，一邊俐落的製作紙黏土，並且回應著阿丹：「氣球去它想去的地方，可能是很遙遠的地方，那裡一年到頭開著花，各種顏色玫瑰花的地方喔！」

阿丹雙眼發出光彩，似乎看見了玫瑰花園。

Rosa老師有一雙巧手，紅白色黏土在手上融合，壓成長條的形狀，再分割成好幾塊，將黏土排列成隊伍，均勻壓扁後剪裁成形，粉紅色的玫瑰花瓣呈現，絲毫不輸桌上的玫瑰花。

Rosa老師將玫瑰遞上，阿丹開心的轉圈，他失去一顆氣球，卻得到一朵「Rosa玫瑰」。

剛進教室的小美見了，趕緊跑到自己的置物櫃，拿出珍藏的玫瑰，那是Rosa老師親手捏製，而且還帶著花瓶呢！花瓶也是Rosa老師捏的黏土。

小美對阿丹炫耀著說：「我上次打針的時候，Rosa老師也有送我，上面還有花瓶。」

阿丹嘟著嘴巴說：「妳打針的時候哭了。」

老師就是這麼溫柔，對所有的孩子都好，對所有孩子都有耐心，她從來不會罵孩子，常常跟孩子們談心，上次小美打針哭了，仍舊很勇敢的完成注射，Rosa老師捏了花送她，小美當成珍寶珍藏，她看見阿丹的玫瑰，也拿出自己的玫瑰花。

孩子們還在亢奮，談著剛剛那顆氣球。這時，Rosa老師打開鋼琴，彈奏熟悉的音符，大家準備唱歌了，Rosa老師帶大家唱*Edelweiss*。Rosa老師常唱這首歌，全班同學都會唱：

Edelweiss, Edelweiss
Every morning you greet me
Small and white, clean and bright

You look happy to meet me
Blossom of snow may you bloom and grow
Bloom and grow forever
Edelweiss, Edelweiss
Bless my homeland forever

孩子們都知道歌詞的意思：
小白花，小白花
每天早晨妳都迎接我
嬌小而潔白，清爽且明亮
妳看起來好像很高興遇見我
雪白的花朵，願妳盛開茁壯
永遠盛開茁壯
小白花，小白花
願妳永遠保佑我的家鄉

孩子們開心的歌唱，跟著Rosa老師的歌聲，溫柔的、和諧的，跟隨歡樂無瑕的節奏，瞬間忘卻了煩惱。

Rosa老師要生了

Rosa老師肚子大了，一個新生命將誕生，她懷了一個女孩，園裡的孩子好期待呀！看著老師肚子慢慢隆起，孩子們盼望女孩趕緊出生，跟他們一起唱歌、玩耍。

孩子們知道自己誕生，也是母親懷胎十月，小心翼翼孕育著，被捧在母親心上，才將他們生下來，這是多不容易、多珍貴的過程。如今孩子們正參與，見證Rosa老師的孕期，揣想著自己與小生命。而且，能當Rosa老師的孩子真幸福，孩子們替小嬰兒高興。

不只孩子期盼新生命，所有的人都期盼，家長常常送上關心，什麼時候要生呀？一定和Rosa老師一樣漂亮，和Rosa老師一樣溫柔善良。

園裡經常接到電話，Rosa老師生了嗎？大夥兒偷偷商量著，為嬰兒準備新衣服，準備各式營養品，心情歡喜迎接新生命，大家都好期待那一刻。

因為Rosa老師充滿愛，常在假日當志工，到生命線接聽電話，幫助需要陪伴的人們。這樣一個溫暖的老師，在即將臨盆的日子，收到好多關心與祝福。

那一天終於要來了。

預產期之前一天，Rosa老師跟大家宣布，晚上她要進醫院了，準備提早一天待產，下次再見面的日子，就是小妹妹出生了。

孩子們懷著祝福，懷著期待再見老師，期待看到小女孩。孩子們確信會愛著小女孩，正如同Rosa老師愛他們，那是一種愛的期盼，一種愛的循環，也是愛的能量。

Rosa老師當晚進醫院，比預產期提前一日，準備好好迎接新生命。

但是，世事總是難以意料。

世界充滿各種期待，有些期待會實現，有些期待會落空，無論是獲得與失落，都是生命的一部分。

關於獲得與失落課題，無論你想不想學習？生命從小就必須面對。

Rosa老師住院之後，她再也沒有回來。並且，永遠不會回來了。

她像一朵鮮豔的玫瑰花，在強風中被吹折了，消失在這個大千世界。

小女孩也沒有出世，跟著Rosa老師離開了。

Rosa老師遇到罕見的難產，名為羊水栓塞的緊急症候，在數萬次分娩中會出現一次，卻被Rosa老師遇上了。

每天朝夕相處的孩子，那麼親近的一位老師，從高度的期待中失落，對孩子們是否會有衝擊？是否會產生影響？要不要對孩子說？要怎麼跟孩子說？都是教育的一部分。

把失落化為成長祝福

失落是生命的一部分，或者說，失落無所不在。

有人失去了至親，心中充滿自責與悔恨，再也不放過自己，甚至內心種下「一輩子不能得到幸福」，這樣的隱形觀點。

有人失去心愛寵物，生命就此凋萎枯竭。

有人失去一段關係，終身痛苦沉淪。

有人考試、求職失利，心中埋下永遠的痛。

有人丟了心愛的禮物，內在波瀾影響久遠。

有人要不到一塊糖，解讀自己不被重視，終身不放過自己。

這些大大小小的失落，每個人每天都會遭遇，但是，有時候這些影響很小，比如午餐想吃義大利麵，但是走到餐廳才發現，義大利麵店沒有營業，吃不到這家義大利麵了；有時候的影響很大，比如有人承諾未兌現、健康出問題了、考試失利了、親人離開了……有些人遭遇一段失落，就對人生帶來打擊，或者帶來深遠的影響。

當孩子看見零食、玩具，或者好玩的事物，就期待能得到它，一旦得不到期待的東西，就面臨著失落的處境。我常在街頭看見一幕，孩子想要某個事物，爸媽不知如何應對，對孩子責罵、說教、恐嚇，甚至甩頭就走，這些會讓孩子的失落，形成生命的傷害。

童年失落的影響

我剛剛開始接觸心理學，曾於存在主義心理學家羅洛·梅的著作中，看見一個案例故事，令我印象深刻極了。書中一位個案來諮詢，她的生命遇到困境，思緒與感受一直轉不出來，經過探索與追溯源頭，竟然是童年失落的期待，一直在生命裡干擾她，雖然那看似一件小事。書中的案主也很訝異，自己一直忽略失落的影響，也一直不接納自己。

她童年時索要棒棒糖，父親不買糖給她，對她說了一些教訓，當時她受到深刻的衝擊，此後一直覺得自己不值得，直至成年常對自己不認可。若以薩提爾模式探索，就是童年的失落事件，對冰山各層次產生衝擊，可見失落雖無所不在，但是如何面對失落，是一門重要的功課，而教導孩子學習接納失落，正是教育中重要的一部分。

對於一般人而言，人生中的重大失落，莫過於生離死別，尤其喪失親近的人，或者生命中的摯愛，對身心常造成深遠影響。

比如有人失去至親，受到的影響可能一輩子，若以冰山顯現出來，各層次歸納可能會有：

行為：提不起勁兒、無法集中精神、不想跟人連結、睡眠品質低落……。

感受：身體的感受如胸口緊繃，或者無比的沉重，甚至有人噁心、頭暈、頭痛……情緒上感到無望、悲傷、憤怒、焦慮、恐懼……。

觀點：可能不敢愛人，一切都沒有意義，親密關係是種負擔，或者是種痛苦……。

期待：對他人或自己不敢有期待，或者不敢承受他人期待，或者有不合理期待……。

渴望：覺得自己沒價值，生命沒有意義，不覺得自己值得愛，人生並非自由狀態……。

自我：出現自責，沒有存在感，無法與自己連結……。

冰山各層次的狀態，有些人會持續如此，延續很長一段時間。有些人會因為時間過去，身心重回過去狀態，彷彿一切回歸正常，但是遇到相關議題，會有意識或無意識召喚各種負面感受與思緒，對生命形成負面影響。

面對親人的離去，身心產生失落感，感覺悲傷與各種情緒，都是正常的反應，每個人的經驗都不相同，但是面對失落的狀況，能好好面對失落情緒，就是健康的應對方式。

當重要的人離開世界，無論是生離或者死別，如何好好面對失落呢？能找個人好好的談談，敘述過去的事件，陳述自己內在情緒，願意接受失落事實，願意體驗與表達失落，這就是好好面對失落。

但是很多人遇到重大失落，常讓自己避免再談論，視失落、悲傷、沮喪與痛苦的情緒為負面，不願意接受自己有情緒，或者不想自己再經驗痛苦感受，身心常為此付出更大的代價。

一九四二年美國波士頓的俱樂部，曾發生悲慘的火災，數百人葬身火窟之中，Erich Lindemann博士針對此不幸事件的生還者，以及事件中失去所愛人的心理狀態，進行一個被稱為「憂傷工作」主題的研究，研究中發現許多人抗拒「憂傷工作」，拒絕談論過去的事件，不再看逝去者的物品，或者拒絕承認自己失落，他們不想重複不愉快的經驗，彷彿進入一種「麻木」，或者「抽離」的狀態，然而，這些失落不曾真正離去，正以各種形式回到生命中。

在「憂傷工作」的計畫中發現，心理狀況調適最好的，是那些勇於體驗情緒，表達心中痛苦的受測者。

此後數十年以來，心理學界面對重大失落，面對身心因此出現的痛苦，有了更多研究與認知，理解如何面對失落過程。

校園中親愛的老師走了，對孩子的衝擊大嗎？沒有人能夠真正知道，因為每個人狀態都不同，每個孩子都有自己特質，但是學校可以為此而教育，比如進行一場儀式，進行集體討論或個別談話，那是生命教育的一部分。

Rosa老師追思會

Rosa老師離開了，學校與諮商師討論，安排諮商師進入校園，協助孩子與所有人，提供個別諮詢與關心，並且為Rosa老師的班級，為她曾帶過的孩子們，透過宣布、陳述、討論與歌唱，陪伴孩子認識生命。

學校也留意孩子們，是否有特別的狀況？視情況關懷孩子，或者安排諮商師談談。Rosa老師離開世界了，這是一件悲傷的意外，不在眾人預期之內，這是突如其來的失落。這些失落固然痛楚，也要漸漸看見失落之外，Rosa老師留給孩子的愛，留給孩子溫暖的記憶，也留給孩子學習失落，學會生命教育的課題，這是對生命的全貌看見。

學校為Rosa老師舉辦儀式，邀請孩子與家長參加，也邀請畢業的孩子參加。儀式在週日舉辦，孩子們幾乎都來了。有些孩子穿某件衣物，理由是Rosa老師稱讚過，孩子都記在心上了；有人帶來為嬰兒準備的禮物，雖然小嬰兒來不及出生，他們決定在儀式上捐出，分享給育幼院的孩子；有人帶著Rosa老師捏的黏土，他們記得老師的用心。還有，大部分的孩子帶來卡片，他們寫著要對老師說的話。

Rosa 老師曾在校園耕耘，用愛與耐心澆灌樹苗，用歌聲帶領孩子們歌唱，如今樹上繫滿各色絲帶，校園綁著各色氣球，還有 Rosa 老師喜歡的花兒，大家相信 Rosa 老師也看著這一幕，這是一個充滿緬懷、感激與告別的儀式。

大人與孩子們輪流上台，訴說對 Rosa 老師的感念，說出 Rosa 老師的美好，訴說心裡面的不捨，說出心裡的失落，表達自己的感謝。孩子們帶著卡片上台，都是出於自願說話，唸著 Rosa 老師教導的事物，說著自己的成長，說自己的懷念，說自己的難過……。

小美說自己勇敢了，再也不害怕打針了。

阿丹帶著玫瑰黏土，謝謝 Rosa 老師。

眾人心中懷著悲傷，懷著感激與祝願，不由得眼含熱淚，每個人捧著一朵花，放在樹下的水盆中，象徵 Rosa 老師已到天上，並讓孩子在氣球寫上祝福，祝福離開的 Rosa 老師，也祝福 Rosa 老師的嬰兒，在心裡送走敬愛的老師。

現場響起了音樂，熟悉的旋律悠揚，孩子們跟著旋律唱歌，都是 Rosa 老師以前帶唱的歌，尤其是*Edelweiss*的旋律響起來，大夥兒都跟著釋放悲傷⋯⋯。

Edelweiss, Edelweiss

Every morning you greet me

⋯⋯

Rosa老師彷彿化身小白花，在天上看著孩子們，永遠保佑著這群孩子⋯⋯。

Rosa老師彷彿升天的氣球，逐漸輕盈的飄遠了⋯⋯。

天空沒有痕跡，但我已飛過

校園的日常依舊，只是沒有Rosa老師，孩子們仍懷念老師。當真正體驗了失落，孩子們談起Rosa老師，大部分都是美好的回憶。

有些孩子夢見老師，夢裡都是安詳美好。在告別的儀式結束後，有位孩子一早起床跟家長分享，前一晚夢見Rosa老師了。

媽媽問孩子：「你夢見Rosa老師啦？」

孩子：「我夢見Rosa老師，她跟我們說再見。」

媽媽：「跟誰說再見？」

孩子：「跟我說再見，還有阿丹、小美……我們都排在那裡，站在鞋櫃前面。」

媽媽：「她怎麼說的呢？」

孩子：「她說這一次真的要離開了，要我們好好照顧自己。」

媽媽：「Rosa老師來跟你們辭行了。」

孩子：「Rosa老師坐在蓮花上面，說完就飛走了。」

媽媽：「Rosa老師，應該聽見你們的祝福，特別來辭行吧。」

孩子們經歷一次失落，也經歷生命成長的過程，學校將這一次的儀式，請郭洪國雄老師記錄，製作成生命教育繪本，郭洪國雄老師也是諮商師，陪伴孩子們走過這一歷程。

學校又回到如常運作，孩子依舊天真可愛，依舊朝前探索與學習，這讓我想起泰戈爾的詩：「天空雖不曾留下痕跡，但我已飛過。」

Rosa老師帶領的孩子，都懷抱著愛與祝福，在人生的旅途上。我走在雨果幼兒園，瞥見草地上的小白花，彷彿在風中對我微笑，我耳畔響起*Edelweiss*的旋律，我想起這位善良的老師，她一定祝福著這些孩子們……。

同理幼兒的失落

結束了一場講座，志工送我去搭車，步出演講的教室，就是一排店面。在一個店家前面，看見一位逛街的媽媽，拎著大小包物品，正與一位小男孩僵持著。

小男孩三、四歲模樣，看著櫥窗裡的玩具，想要買一台小車子，但是媽媽不答應。男孩起先生著悶氣，一臉不樂意的表情，無論媽媽好說歹說，就是不願意離開。

媽媽多次催促男孩，男孩仍不願意離開，媽媽因此生氣了，教訓男孩老是買玩具，家中玩具已經夠多了……。

媽媽手提著幾個提袋，手應該又痠又累，氣得丟下一句話：「你不走，我走嘍！」

媽媽說完逕自走了。

小男孩並未跟上去，而是在原地嚎啕大哭。

聽到男孩的哭泣聲，媽媽又折返回來，一副很無奈的表情，對著孩子又訓話又哄著：「媽媽不是不讓你買，家裡玩具那麼多了……」

隨著媽媽的勸說，孩子哭聲弱下了，但是不一會兒時間，孩子哭聲又大起來了，媽媽臉上寫滿無奈，她已經束手無策。

媽媽要小男孩聽話，要男孩跟她回家了，離開這誘人的櫥窗，媽媽對男孩說：「要乖乖聽話，媽媽才會答應你，你再不聽話，媽媽就不愛你嘍！」

男孩聽了又流淚，並未聽話離開，反而生氣的直跺腳。

志工陪著我等車，被這一幕吸引了，遲遲未招手攔車，始終關注著這一幕。我才剛在課堂講述，如何與孩子對話？如何接納孩子的情緒？未料，才剛剛步出課堂，立刻目睹了這一幕。

幼兒常自認「理當享權」

孩子呱呱落地誕生，開始認識這個世界，生命中所見的一切，常常認為自己「理當享權」，所以常占據東西，常想要就一定要得到。很多新手父母很頭疼，可愛的天使瞬間成了惡魔，父母若滿足孩子的期待，孩子被寵慣了很麻煩；如果強硬制止孩子，孩子又哭又鬧脾氣，父母都快抓狂了。

幼兒園任教的老師，也常會遇到類似狀況，若不是以權威施加壓力，那還能怎麼處理呢？答案是：溫柔而堅定執行規則，理解與接納孩子，陪伴孩子的失落，孩子才能健康成長。

送我離開的志工，是一位很有愛心的女孩，眼見僵持不下的一幕，忍不住去安慰孩子。她蹲下了身軀，拉著男孩的手說：「你很想買車車嗎？」

男孩點點頭，臉上掛著淚痕。

「媽媽不買給你嗎？」

男孩又點點頭。

「你是不是很生氣？」

男孩停了一下，再次點點頭。

「嗯！姊姊知道你很生氣。」志工溫柔堅定的說。

男孩彆扭的神情，一瞬間鬆開了，眼淚奪眶而出。此刻男孩的眼淚，是失落之後，被同理的眼淚。

志工掏出面紙，幫男孩擦拭鼻涕，再次同理男孩：「姊姊知道你很難過。」

男孩大概嗆到了，不停的咳嗽，志工溫柔的擦拭，男孩情緒漸漸安定。

「弟弟，謝謝你跟姊姊說，你很勇敢喔！不能買小車車，你一定很生氣，也很難過吧。」

小男孩懂事的點點頭。

志工牽起小男孩的手，交給束手無策的媽媽，媽媽一面對志工訴苦，一面向志工道謝，小男孩終於離開櫥窗，跟著媽媽回去了。

面對男孩的失落，志工的應對非常穩妥。

我將志工的應對，解說與羅列於後：

一、志工蹲下身子與男孩同高，拉著男孩的手。

二、志工語態平穩。

三、志工以「提問」同理孩子。這部分面對幼兒，可以讓孩子敘述，也可以說出事件，同理孩子的期待，以及未滿足的期待。志工說的是：「你很想買車車嗎？」、「媽媽不買給你嗎？」

四、志工點出孩子情緒。志工說的是：「你是不是很生氣？」、「你一定很生氣，也很難過吧。」

五、志工理解孩子情緒，並且告訴孩子。志工說的是：「嗯！姊姊知道你很生氣。」、「姊姊知道你很難過。」

六、即使孩子鬧脾氣，志工仍看見孩子正向。志工說的是：「弟弟，謝謝你跟姊姊說，你很勇敢喔！」

當孩子有了失落，大人願意陪伴孩子，就是簡單的撫慰。志工透過身體接觸、關愛的語氣、感同身受的表情，不帶任何偏見、威脅的聆聽，透過語言與非語言，去理解、接納孩子的狀態，只用了短短兩分鐘時間，志工做出了很棒的示範。

避免陷入失落迴圈

六歲以前的幼兒，大腦正快速發展，因此大人對待孩子，對孩子造成深遠影響，因為孩子身心接收的訊息，成為他冰山的一部分。

孩子需要被教導，但是大人教導幼兒，幼兒還聽不懂道理，更何況說理並非對話主要工具。大人若是責罵孩子，孩子會積壓情緒，形成不健康的觀點，或不健康的自我；若是一味滿足孩子，容易寵壞孩子，「理當享權」會延續到成人，都不是妥善的方法。

失落是一種情緒，失落情緒透過敘說，糾結的情緒會流動。一旦情緒流動了，就不是被情緒控制，能關注與分享經驗，就能健康回應世界，比如成年人書寫日記，或者講述痛苦的經驗，都擁有治癒的作用。

但是較小的孩子，左腦的思考未成熟，引導敘事並不容易，因此需靠大人重述語言，並且幫助他們說出事件，甚至點出他們的情緒，理解他們的情緒。

買不到玩具的男孩，注意力執著於車子，媽媽硬要與他拔河，男孩就在失落裡迴圈，夾雜著沮喪、憤怒與焦慮，一直繞不出來。志工姊姊的應對，讓孩子失落被同理，未來面對失落也較有力量。

以對話梳理難過

我常面對父母的失落，青少年的失落，也常面對幼兒的失落。

三三與川川兩姊妹，是我的外甥女，年紀相差兩歲，我同樣鍾愛她們。當三三年滿七歲時，我買了一台平板給三三，供她上網查找資料。那川川怎麼辦呢？我打算等她滿七歲，再買一台平板送她，但是，孩子常會覺得不公平，尤其常將公平掛在嘴上，失落時情緒較大的川川，回應她是大人的考驗，也是陪她接納失落的歷程。

川川的媽媽是我妹妹，妹妹問我怎麼處理？我請川川打電話給我。

以下是川川與我的對話：

川川：「大舅舅，姊姊有一台iPad。」

我：「川川，對呀！舅舅送給姊姊的。」

川川：「那為什麼我沒有！」

我：「因為舅舅沒有買妳的。」

川川：「為什麼？」

我：「因為妳年紀還小，舅舅認為還不適合。」

川川：「為什麼姊姊就有？」

我：「因為三三已經七歲了。」

川川：「可是我沒有。」

我：「川川，妳沒有iPad，妳會難過嗎？」

川川：「會。」

我：「舅舅知道妳難過。」

川川沉默難過了一會兒……。

我：「舅舅沒有買給妳，妳會生舅舅的氣嗎？」

川川：「會。」

我：「川川，舅舅知道妳生氣。」

川川：「我也想要iPad。」

我：「舅舅知道妳想要。但是現在不能買給妳。」

川川：「可是我想要。」

我：「川川很想要對吧？」

川川：「對。」

我：「妳想要平板玩什麼呢？」

川川：「我想玩平板。」

我：「舅舅知道妳想玩，但是妳年紀還小，不像姊姊已經七歲了。」

川川：「可是我想玩。」

我：「川川很想玩是嗎？」

川川：「對。」

我：「舅舅答應妳，妳七歲的時候，就會買給妳。」

川川沉默沒有說話。

我：「妳七歲的時候，如果舅舅沒有買給妳，妳記得跟舅舅說。」

我們的通話就這樣結束了。

事後妹妹告訴我，川川沒有在這事情糾結，並沒有哭鬧的情況出現。

每個孩子成長的背景不同，因此父母面對孩子失落，不一定立刻能讓孩子平靜，尤其是過去曾在孩子失落時，透過責罵、說理，或者以滿足去寵孩子，就需要長一點兒時間，需要經常平靜和緩的對待。

當孩子失落時，父母平靜對待了，孩子不如預期接受，這時候考驗的是父母的失落。失落是人類必定遭遇，所有人都會有的經歷，都需要慢慢學習，才能於內在長出力量。若是孩子學不會接納失落，遇到逆境時內在力量就小，譬如很多資優的孩子，學習與考試向來順風順水，一旦遇到幾次考試失利，很可能就被失落擊垮，轉而退縮不前或者沉迷網路。

以接納與好奇連結孩子

關於孩童失落的狀態，不斷有父母與教師詢問，除了上述提及的原則，就是需要多一點兒耐心，以接納與好奇連結孩子。

下面我重提一個小事件，我以更長的時間，綜合著上述的方法，陪伴川川的失落，當時川川的年紀更小，更需要耐心去連結，幫助孩子梳理右腦情緒。

我在好幾本教育著作，多次提及陪伴失落，失落是期待未滿足，常產生於被拒絕、爭執，或者意外時刻。

我曾在《對話的力量》，寫了一段與川川的互動，我修改節錄如下：

阿建老師&失落小孩的冰山對話

未滿四歲的川川，和五歲的三三吵架。川川噘起了嘴，要媽媽載她回台北，不想待在老爺家了。

胞妹開了轎車門，讓川川坐駕駛座，緩解與安慰她的情緒。但是川川怒氣未消，過了一段時間，仍不想下車進屋。

該怎麼辦呢？

我在車外蹲下身子，從副駕駛座的窗外，看見川川嘟著嘴，坐在駕駛座生悶氣。

我寧靜且關心的問：「怎麼啦？」

川川聽見我的詢問，委屈的掉下眼淚，向我投訴：「姊姊打我。」

這句話就是讓孩子敘述，孩子一旦開啟敘述，不要試圖解決問題，不要試著對她說理，目標就是陪伴失落，引導她敘述事件，敘說身心的感受。

「姊姊打妳呀？」我重複她的語句，用意是積極聆聽，也是認真核對。

川川點點頭：「嗯！」

「……痛不痛？……」我關心她，並適度的用停頓的語氣。

關心孩子的感受，若與身體相關，我建議先關心身體，再梳理孩子情緒。

當我詢問川川痛不痛？她就感到自己被理解了。

川川點點頭說：「痛！」

我不是將關心語言當公式，而是打從心裡關心川川，詢問：「跟舅舅說，哪裡痛？」

這裡可以讓孩子敘說，但孩子的事件常很童稚，大人常常會忍不住教導，或者告訴孩子哪裡錯了，變成了一個判官角色，忽略了同理孩子內在，因此我選擇關心她身體的痛。

川川指著自己的左手臂，說：「這裡痛。」
我重複著她的話：「手臂痛呀？」
川川點頭說：「嗯！」
「還有哪裡痛嗎？」
川川指著右手肘，說：「這裡也痛痛！」
我重複她的話：「這裡也痛痛嗎？」
川川點點頭。
我再詢問：「還有，哪裡痛？」
川川指著左手腕說：「這裡也痛痛！」接著，她又指著右手掌：「還有這裡也痛痛！」
我再次確認她的傷痛，也再次詢問，還有哪裡痛？
川川稍稍釋懷，說：「沒有了……」
「川川……舅舅知道妳痛痛……」
當我關心她身體的痛，她會感到被關心，我再為她的情緒命名，以及同理她的情緒。

「川川……妳現在很難過吧？」我這樣說，是看見她還流淚呢！

川川點點頭，注視著我。

「……川川……舅舅知道妳難過……」

我停頓了一會兒，邀請她跟我回家：「川川……妳要跟舅舅回家嗎？」

川川搖搖頭，回答我：「不要。」

面對回絕，我把接下來的對話，放在川川的情緒與我的期待中進行，這裡的對話比較不容易，需要經過多次的練習，目的是整合她的左右腦，於是我說：

「……嗯……舅舅知道了。川川……妳坐在這裡，難過會比較好嗎？」

川川點點頭：「嗯！」

「那舅舅知道了……川川要坐多久？難過才會不見呢？」

天真的川川伸出指頭，比了一個「1」。

我和川川確認：「一個小時嗎？」

川川再次點頭。

「……川川……謝謝妳呀！舅舅知道了……川川……妳已經在這兒坐多久了呢？」

川川伸出手指頭，比出了「3」。

我再次確認：「三十分鐘嗎？」

川川又點點頭了。

「舅舅知道了……那川川還要坐多久呢？……」我的問話彷彿在考算數，其實她不太會算數，因為邏輯還未成熟，我只是透過對話，梳理川川的難過，和確認我的期待。

川川這一次將手掌攤開，比了一個「5」。

「是五分鐘嗎？」

川川點點頭，她的情緒已經放鬆了。

「五分鐘後，川川的難過就會比較好了嗎？」

川川又點點頭。

「那五分鐘後，川川就願意跟舅舅回家了嗎？」我再次確認期待。

川川點頭答應了。

我隨後去踢一個空罐子，發出點聲響，看著雲朵在樓隙間的變化，消磨時間，再次返回看川川，她願意讓我抱回家了。家人很驚訝，才幾分鐘的時間，川川怎麼改變心意了？

這是透過簡單對話，同理了川川的感受，也耐心的陪伴她，經驗一場失落的心情。

傾聽孩子的悲傷

我接起Ｙ頭的電話，電話那頭只是哭泣，我等她哭了一陣子，問她還好嗎？發生什麼事了？

Ｙ頭說自己很痛，從來沒這麼痛過，她說「小乖」死了……。

她在電話中敘說，但是，不斷流淚啜泣，我沒有真正明白，她到底失去了誰？只知道她無比哀傷。

等到她抽泣稍微減緩，我才得空問她：「小乖是妳的誰？」

小乖是一隻鳥，一隻最解語、解憂，可愛無雙的鳥……。

Ｙ頭形容起小乖，用了非常多親暱形容，我能感覺小乖的重要，對Ｙ頭而言無與倫比。

至此，我才聽明白了，Ｙ頭養了一隻鳥，這隻鳥名字叫「小乖」。

我問Ｙ頭如何遇見小乖？怎麼成就這緣分？

丫頭反問我一句話：「你真的想要聽嗎？」

我剛好有時間，可以聽她說說話。在電話中我肯定答覆，並問她怎麼問我「想聽嗎？」是有別的顧慮嗎？

丫頭聽我這樣說，在電話那頭狂哭起來，哭聲比之前更激動，哭聲稍歇之後她才說：「沒有人要聽我說，他們說只是死了一隻鳥，有必要這麼難過嗎？不就是一隻鳥而已……」

悲傷無人理解，更悲傷

我聽明白丫頭的悲傷，一則是她的悲傷是失落，失落了心愛的寵物；一則是無人明白她的悲傷，她的悲傷無人同理，悲傷無處可流動，常會讓悲傷疊加，也會衍生出憤怒感。

我不禁想起了「比悲傷更悲傷」的，是什麼呢？是悲傷無人理解。

佛洛伊德說：「敘述帶來療癒。」

對於一個失落的人，傾聽失落的過程，就像是一個儀式，讓人的失落有出口。

丫頭開始細說從頭，她在秋天遇見小乖。

當天時間已近黃昏，秋天的山風特別大，氣溫突然驟降下來，丫頭費勁的蹬著自行車，將車子停在大樹下。

才剛剛停好自行車，丫頭聽見雛鳥的叫聲，那聲音從秋風中傳來，叫得格外令人揪心。

「哪兒來的鳥叫聲？在秋風中那麼動人，惹人心疼起來了。」丫頭抬頭望著大樹，沒看見鳥的影子，也沒看見鳥巢。

她一轉頭過來，一回眸卻看見了。

丫頭身旁一隻雛鳥，身上還沒有羽毛，眼睛都還沒睜開，在風中瑟縮著身子發抖，張著嘴巴啾啾的叫著。

丫頭將小鳥捧起來，放在掌心試圖溫暖牠。

這隻雛鳥應該被風吹落，從鳥巢裡掉出來了吧？但是丫頭找不到鳥巢，只好站在樹下等待。

雛鳥的父母應該會來吧？丫頭在樹下暗暗思忖，一旦發現雛鳥不見了，牠們會有多著急呢？如果牠們來找雛鳥了，丫頭就能找到鳥巢了，她再想辦法將雛鳥放入鳥巢。

ㄚ頭左等右等，等了好長一段時間，天色漸漸暗下來了，就是等不到鳥爸媽。眼看雛鳥身體發抖，小嘴張開像要索食，ㄚ頭卻只能捧著、看著、站著、等著，還有心焦急著，不知能為雛鳥做什麼？

ㄚ頭覺得雛鳥很孤單，竟在強風中失去爸媽，失去了家的溫暖，隨時可能在她的掌中死去，ㄚ頭聯想到自己的成長。

ㄚ頭在那一刻決定了，想要為雛鳥做些什麼，才能讓雛鳥活下來，她想到的是獸醫院，請獸醫收留這隻雛鳥。

ㄚ頭小心翼翼的，將雛鳥放入上衣口袋，靠近自己心窩的位置，她感覺到雛鳥的溫度，還有雛鳥的生命力，她奮力蹬著自行車，她必須騎一段路到山下，在秋風中尋找獸醫院。

她想到這隻雛鳥，與自己萍水相逢，此刻正在自己「心上」，ㄚ頭沒有宗教信仰，但是她不自覺唸「阿彌陀佛」，只想讓雛鳥平安活下來。

ㄚ頭騎車滿身大汗，找到一家獸醫院，急忙找獸醫幫忙。

未料獸醫告訴ㄚ頭，這是一隻綠繡眼，獸醫沒辦法照顧，讓牠回到原本地方，任牠自生自滅吧！

「獸醫怎麼這麼沒有愛？」丫頭在電話中說，她對獸醫「見死不救」，感到非常的不諒解。

怎麼能放任生命消逝？她再次將雛鳥放進口袋，卻不知道該去哪裡？她急著為鳥想法子，瞬間想到了鳥店，鳥店若是收留或養育牠，這隻小雛鳥兒就得救了，她默默的鼓勵雛鳥堅強，頂著秋風，腳下踩蹬踏板，只為尋覓讓雛鳥活下去之處。

丫頭從山上騎到城市，從獸醫院騎到鳥店，為了救一隻雛鳥。

鳥店老闆見了綠繡眼，說綠繡眼生長在野外，也有人從雛鳥開始養，但是鳥店不想收養牠，請丫頭放回原處，或者，自己拿回去養育吧！

失去的，不只是一隻鳥

丫頭生命歷程辛苦，明白求人不如求己，再三央求鳥店老闆未果，她決定帶回去親自照顧，雖然她從未養過寵物，但是雛鳥勾起了她的愛，她決心讓雛鳥活下來。

丫頭弄了麵包屑，以水泡軟了之後，一點一滴為鳥餵食。

這隻雛鳥很可人，只有餓肚子時會叫，平常彷彿很體貼她，並不會打擾她的作息，丫頭將鳥兒喚作「小乖」，因為牠很乖，也實在太可愛了。

丫頭幫小乖購置鳥籠，為小乖製作了小窩。

在丫頭的照料之下，小乖漸漸成長了，牠眼睛張開了，白色的眼圈旁有黑色描邊，一雙眼睛彷彿透著光，透著單純美麗的光。牠的羽毛漸漸長出來，黃綠色的光亮羽毛，小乖的生命就此成長了。

丫頭描述小乖的樣子，帶著深情讚嘆的敘述，聽得出她很鍾愛這隻鳥。

小乖出生就沒有父母，丫頭彷彿牠的媽媽。小乖長出羽毛了，卻不知道怎麼飛翔，該怎麼辦呢？丫頭用了最原始的方法：親自教小乖學飛。

丫頭將小乖放置高處，示意要小乖飛下來，小乖緊張得啾啾叫著，卻不敢振翅飛翔。丫頭不斷以言語鼓勵，並且伸開雙臂代表翅膀，作勢教小乖振翅飛翔。

小乖終於勇敢振翅，就在丫頭耐心教導後，小乖從高處飛到丫頭懷裡，那一天，丫頭樂得彷彿自己在飛翔。

丫頭陳述小乖的成長，正是表達她與小乖之間，那份情感的形成多重要，那也是丫頭失落的內涵。過去這段美麗的歷程，在失落之後無機會整理，這一段經驗裡的意義、價值與豐富的感受，也未曾好好被審視。

當她敘說這段過程，正是她的內心被同理，她曾經投注的情感，得到了梳理與舒展。

在冰山的治療之中，除了重大創傷之外，一般不建議聽取冰山表層故事，但是將對話推展至日常，專注且有意識的傾聽故事，對於當事者本身很重要。因此，聆聽者懂得界定時間，拉好自己的界線，並且懂得好奇對方故事，即是簡單而重要的方式。

上述這一段故事，ㄚ頭敘述比較零散，當我有意識的好奇，故事的軸線就呈現了，我也沉浸在她的故事裡，並且覺得非常不可思議，因為我對鳥兒習性不熟，不明白鳥與人能建立情感，她的故事如童話一般浪漫。雖然ㄚ頭已經長大了，但聽她說這一段故事，跟我聆聽孩子敘述相同，都從故事中看見真情。

這是傾聽者的好奇，專注聆聽她的敘述，並且好奇敘事的因果，不僅讓敘述者感覺被尊重，也有機會看見故事全貌。

ㄚ頭在外租屋居住，小乖成了她的親人，甚至比親人還要親密。

據ㄚ頭的陳述，小乖很有靈性。

每當丫頭開門回家，小乖必定飛身相迎。小乖甚至讀懂丫頭，知道丫頭心情是好是壞。每當丫頭心情快活，小乖唱歌非常激昂，每當丫頭心情低落，小乖就會飛落丫頭肩頭，以鳥喙輕啄丫頭耳垂，輕柔溫婉的囀著聲音，囀著呵護關愛的鳥語。

丫頭說小乖是親人，甚至比親人還要親。這說明小乖的離去，如同親人離開一樣的哀傷，彷彿是重大的失落。

過去的失落與新的失落交疊

只要丫頭在家裡，小乖就跟在身邊，幾乎是形影不離。

但是家中環境不利於鳥兒，尤其是開火煮飯的時候，對鳥兒來說是危險環境。

每當丫頭燒水煮食之際，就委屈小乖進入鳥籠，避免小乖受到傷害。

事情發生的那天晚上，丫頭為自己煮一碗麵，她照例將小乖隔離在鳥籠。煮麵的湯鍋正沸騰，丫頭家的門鈴響了，開門原來是好友來訪。

好友大概很相熟了，一進家門就想見小乖，嚷嚷著小乖這麼可憐，竟然被主人關進籠子，好友說著逕自打開鳥籠。

關在鳥籠裡的小乖，一旦被放出籠子外，自然振翅飛去丫頭身邊。

小乖飛到哪裡呢？飛到瓦斯爐上，滾燙的鍋子邊緣。此舉嚇壞丫頭了，那麼滾燙的湯鍋，小乖怎麼受得了？那麼危險的地方。

丫頭伸出自己食指，放在小乖的身前，示意小乖踏在手指上，這是她們倆長久的默契：只要丫頭伸出食指，小乖一定站上去。

丫頭要帶小乖遠離危險。

小乖一如往常伸出爪子，欲站上丫頭的食指，孰知，就在這麼關鍵的時刻，小乖竟然失足掉入湯鍋，那可是滾燙的鍋子。

丫頭瞬間嚇壞了，趕緊將小乖撈起來，放在水龍頭下沖冷水，見小乖羽毛盡濕，眼睛不時緊閉著，發出異於往常的悲鳴，奄奄一息的樣貌，丫頭心疼且難受極了。

小乖的悲鳴聲聲入耳，啃齧著丫頭的心靈。

丫頭擔心小乖燙傷，是否會危及生命？她打電話求助獸醫，獸醫教她簡單的方法，再好好觀察小乖狀況。

那一夜丫頭不敢離開，生怕無法陪著小乖，生怕小乖需要她的時刻，她不在牠身邊，那也是她心中的痛。她的成長歷程困苦，曾經多次遇到挫折，卻無人能陪伴自己，她只能孤獨的、艱難的、無助的撐過來。

她將小乖放入籠子裡，躺在為牠打造的窩，身軀覆蓋著沾濕的衛生紙，她注視著小乖蜷縮的身軀，口中不斷的唸著佛號，為小乖祈求平安。

丫頭說小乖體貼人，躺入小窩的身軀，悲鳴不再那麼痛苦，反而發出要她放心，要她去睡覺的鳴叫聲。

丫頭為小乖守到半夜，以為小乖應該無事，她祈求一覺醒來無事，這才忐忑的上床了。

隔天醒來探望小乖，小乖已經離開世界了。

丫頭異常悔恨與痛苦，悔恨自己害了小乖，她害死了可愛純真的小乖，苦惱自己沒有守夜，沒有陪伴小乖最後一程，她感到無比的自責，為何在小乖最需要她時，竟然忍不住睏意，自己跑去睡覺了呢？

丫頭說完了這個故事，情緒再度進入哀傷中。她過去曾經的失落，與小乖的故事交疊了，過去的失落並未處理，因此她陷入失落的哀傷，以及過去失落所影響的觀點、信念、渴望與自我層次。

讓情緒流動，減緩傷痛

陪伴一個人的失落，簡單的過程是傾聽，傾聽當事人的敘述。積極的過程是點出情緒，有意識的幫助對方，辨識出自己的情緒，讓情緒單純的流動，減緩失落帶來的痛。因此我傾聽Ｙ頭敘述，會在她感到生氣、難過與痛苦之處，停頓下來重複情緒，並且問她「生氣的是……」、「難過的是……」、「痛苦的是……」，或者同理對方的情緒。當事人依著情緒敘說，會讓失落的情緒緩解。更積極的對話方式，則是傾聽之餘，進入對方的冰山，讓對方看見全貌。不至於執著一個點，不至於糾纏於「未滿足的期待」，形成對自己負向的觀點，而能真正的接受失落，體驗有意義、有價值、愛的能量，以及對事件、對自己的接納。

若是傾聽者一味安慰，或者是對當事人說道理，可能讓失落者敘述跳針，淪於自怨自艾的境地。

Ｙ頭敘說完故事，很感謝我的傾聽，覺得自己放鬆多了，因為沒有人在意、重視、尊重小乖的離開，事實上是「無人傾聽她」。

我好奇她怎麼如此積極？為小乖尋找獸醫、尋找鳥店讓小乖棲身？
我好奇的問她，如果不是她如此積極，小乖會有什麼結果？
我好奇她怎麼有耐心？
怎麼能與小乖處得這麼好？
小乖在她生命的意義？
小乖有為她帶來禮物嗎？
小乖會怎麼看待這歷程？
她可以接納失落嗎？
小乖懂得她的疏忽嗎？
小乖若是懂得，願意原諒自己嗎？她也願意釋放自己嗎？

一連串的好奇之後，ㄚ頭在她的答案中，看見不一樣的面貌。

她會比較不糾結了，能以單純的失落心情，以愛與豐盛的眼光，去看待她與小乖之間，而不是無意識的執著，拿小乖受苦的身影，不斷責備與鞭打自己，那絕不是小乖樂見，ㄚ頭也感覺到自己成長，那是小乖送給ㄚ頭的禮物。

引導太早懂事的孩子

她還只是小孩

幼兒園大班的孩子，在校園裡待久了，長時間浸潤主文化，從老師身上也學會了互動，學會彼此互相幫忙，孩子也越來越自律，知道自己該做什麼。

這些孩子升上大班，變成校園的學長姊，彷彿有了帶頭的作用，班級裡的互動很好，彼此會互相幫忙，形成班級的氛圍。

有些孩子有領導能力，在大班更看得出來。

比如Amy這個孩子，她就很有領導力，也樂於幫助其他人。班上有較沉默的孩子，Amy會主動去關心，有時候看見小朋友爭論，她也會去協調談話，彷彿是個主持人，邀誰先說自己意見，誰慢一點點再說。

孩子從各方面學習，發展自己的特質。

老師看見孩子的發展，以全貌的眼光看孩子，幼兒期的孩童尤其需要，孩子的大腦快速發展，接收到的愛、接納、價值、責任與自由，整合成生命的底蘊，為將來的人生提供養分。

當孩子展現豐富的資源，不受到大人的壓抑，而能收到大人引導，大人穩定的界線，穩定的情緒能量，引導與涵養孩子。讓孩子接觸穩定的大人，在大人寬容的眼光裡，發展自己的創造力，那麼，孩子就能透過大人，認識與看見豐富的自己。

然而，與此同時，老師除了更多接納，包容孩子豐富的樣貌，也透過自我覺察，發現自己的影響力，覺察自己冰山各層次，對孩子產生的影響。

當孩子表現不突出，老師能夠安穩以對，引導孩子學會失落，讓孩子感覺到被愛，學會體驗人的價值；但是孩子表現突出，大人也需要特別留意，孩子是否習於成功？孩子是否超越孩子的位置？

比如Amy這個孩子，展現出領導能力，學習協調眾人之事，也熱心幫助身邊的人，但是她畢竟是個孩子，有時候大人欣賞的眼光，成為孩子心中的期待，期待去滿足大人的期待，使孩子太快速長大，大人亦必須關注這層次。

這不是孩子的責任

Amy所在的大班，有位孩子Harry，他們是同班同學。Harry的動作比較慢，常常等待大人幫忙，那一天學校老師想放手，讓Harry學習動手照料自己，畢竟廁所就在教室後面。

一日Harry突然肚子不舒服，跟老師說明之後，到教室後的廁所大解。但是Harry去的時間長，老師覺得非常好奇，怎麼會去那麼長時間？但班級配置兩位老師，當天一位老師請假，此刻只有一位老師。老師請Amy去廁所看看，Harry怎麼還沒回來呢？

未料Amy去廁所之後，也一直沒有回來。老師感到很好奇，兩個小朋友在做什麼？便請Amy的好朋友，也是同班同學的Sara，叫他們兩個趕緊出來。

Sara去廁所找他們，結果一樣沒出來。校園是安全之地，廁所就在教室後頭，怎麼會去那麼久呢？尤其Amy與Sara都是負責的孩子，絕不會在廁所玩耍。

老師交代班上的孩子，進行了簡單的活動，並且告知要去廁所，看看同學怎麼了？

老師一進入廁所，對眼前景象大感驚訝。Sara正在洗手台，洗著沾大便的內褲，那內褲不是別人的，正是Harry的內褲，因為Harry那天拉肚子了，大便不小心弄髒內褲，Sara正徒手幫忙洗淨。

老師很訝異的問Sara，內褲沾滿大便，這麼髒的褲子，怎麼敢洗？而且還徒手去洗？老師每次幫Harry洗內褲，都要戴上手套才洗，她怎麼敢直接就洗呢？Sara童言童語，卻又很有架勢的告訴老師：「我用肥皂洗洗就好啦！」

更令人吃驚的是，Amy正在廁所裡面，幫Harry擦屁股。Harry大完便之後，屁股沒有擦乾淨，Amy竟然去幫他，這是個苦差事，也是別人眼中的「髒活」，Amy怎麼主動去做了呢？

老師趕緊接手過來，除了感謝Amy與Sara，這麼願意去幫助別人，也請Harry好好謝謝Amy與Sara。但老師也沒忘記，告訴這兩個孩子，下次遇到這個狀況，要趕緊通知老師，讓老師來處理就行了。雖然她們心地善良，也有樂於助人之心，但這是老師的工作，她們還是小孩子，有這份心意就夠了，但是不需要做這麼多。

老師這樣說明很重要，這是用全貌看待生命，既欣賞兩位孩子，但這並不是孩子的責任，孩子只有六歲年紀，她們無須代替大人位置，去處理不屬於該年紀的事務。

讓孩子成為孩子

孔子說：「吾少也賤，故多能鄙事。」因此各級學校，經常推動勞作教育，包括大學也不例外，但是人能珍惜事物，並且願意互助與勞動，多半都是幼年期養成。

從Amy與Sara的幫忙，可以看出老師身教的細節。

其一自然是教師的工作，在校園中協助Harry，教導與幫助Harry如廁，並且不帶任何抱怨，而是帶著愛與接納處理，孩子一定都看在眼裡。

其二是教師的態度，應該充滿接納與寬懷。

過去我常看見大人的幫助，忽略了自身的態度，反而傷害了孩子的自尊，也招來同學的訕笑，更遑論是幫助Harry這樣的孩子了。

我回想自己的童年，小學剛入學的那一年，班上也有位孩子如此，大小便常拉在褲襠裡。老師雖然協助他清理，但是整個過程充滿嘲笑，笑他這麼大了，還學不會大小便，笑他將來怎麼辦？笑他出去外面豈不糟糕……。

我相信老師不是故意嘲笑，只是言談之間太輕率，傷害了當事的孩子，也造成其他孩子排斥。有些大人不明白，以為孩子被排斥，無法融入群體之中，是因為孩子拉褲襠裡了，卻不明白大人的態度問題，那是身教的一部分。

當年那位拉褲襠的孩子，沒有人願意親近他，同學私底下耳語，嘲笑他大小便失禁，更常以發現他便溺拉在褲襠為樂。

每當那位同學拉在褲襠，班上同學就奔相走告，趕緊跑去告訴老師，夾雜國台語大肆宣告：「哈哈哈，XXX又落屎了，又髒又臭……」

若是幼兒園老師協助Harry，態度與言詞稍有不慎，不是帶著愛與接納，很容易被同學排斥，遑論去協助Harry擦屁股，以及幫他洗內褲了。

小大人常忽略自己的需求

老師雖然嘉許孩子，但是讓孩子回到孩子，不讓孩子太早熟，成為大人的小幫手，是非常重要的概念。因為孩子若過度懂事，太符合父母與老師期待，並不是一個健康現象，因為從小就當大人，而他們只是個孩子，無需承擔大人的責任，會失去與自己的親密關係。為什麼會這樣子呢？因為符合大人的期待，太早就學會懂事了，常常忽略自己的需求，一個忽略自己需求的人，即跟自己的關係疏離了。

已經有很多關於孩子過早承擔，過早在內心下決定，承擔不屬於他責任的研究，研究其對生命形成的影響，美國就有一個專門研究「小大人」的組織，網站列出小大人的特質，我列出部分提供參考：

- 對他人比對自己投入更多關注。
- 對於要為自己發聲這事，他們會覺得有罪惡感。
- 對於需要被救助的人們會給予關愛。
- 喪失對於感受的能力。
- 無法享受愉悅的感覺。
- 對待自己總是嚴肅。
- 無法有親密的人際關係。
- 對於無法掌控的變化會過度反應。
- 不斷向他人尋求認同或肯定。

· 總覺得自己與別人不同，比如別人可以，而自己不可以。
· 要不他們是超級有責任感，要不就是超級沒有責任感。
· 他們非常的忠誠，即便在某些事件上，根本不值得付出忠誠度。
· 他們常常是衝動的。

大人常希望孩子懂事，但是孩子只是孩子。生命有其需求歷程，需要被照顧與涵容，因為生命的能量、能力與智慧需要灌溉，而揠苗助長有壞處，我們要養育的目標，不是過早長大成人，而是美好的生命。

在第一輯「童年自我影響一生」中，第二個案例的主角小黛，正是童年早熟，太早成為大人，以致於長大之後，不知道自己是誰？她做事認真負責，但是常為他人而活，常會不知道意義何在？常常在停下來的時刻，感到內在有一股悲傷，有時會感到莫名荒蕪，這是人內在的形成，也是人看不見的冰山，教養路上常被忽略。

欣喜孩子願意幫忙，看見孩子的付出，這是非常重要的回應。

認真的告訴孩子，他們不需要這樣，通知老師來處理，也是重要的環節。讓孩子的行動，出於自願與善意，而非出於被期待，不讓孩子為了嘉許，為了滿足大人期待，而成為一個「小大人」。

讓孩子成為一個孩子，以及讓孩子成為小大人，這兩者之間有很大區別。

第3輯

有覺知的教養

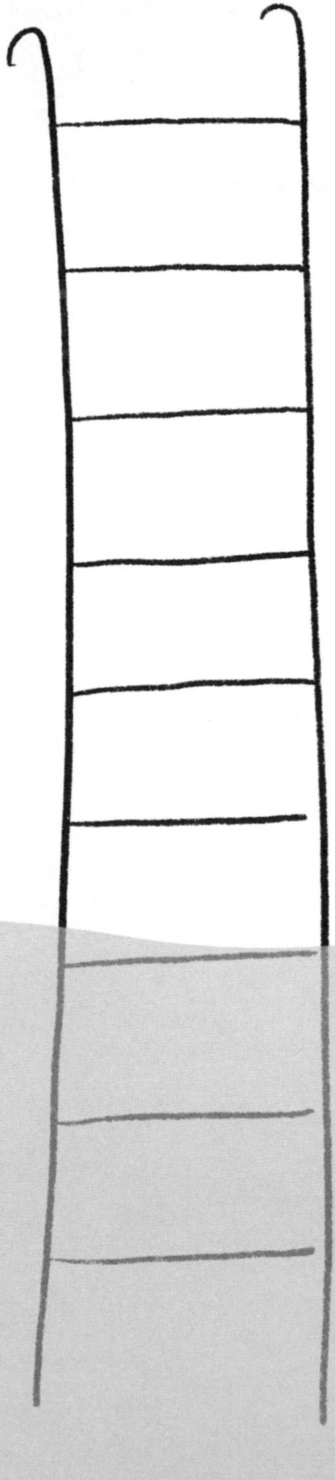

愛與接納孩子，從愛與接納自己而來。覺知自己情緒，並引導孩子覺知，就能讓他看見自己的力量，跨越成長難關。

做有
覺知的大人

不拉書包拉鍊的小男孩

到雨果幼兒園，聽老師們分享教學，在薩提爾對話培訓之後，是否常覺察自己的應對？覺察了之後是否修正？是否覺察了自己情緒？覺察了是否照顧自己？這是與孩子連結的基礎。

Cara說覺察越來越多，一旦能覺察自己，就能減少很多困難。

校園中要面對孩子，各種突如其來的狀況，過去處理孩子問題，自己並不覺察有情緒，可能說話的時候，會比較急促一點兒，話語之中也帶著情緒，一直在問題裡打轉。

Cara過去不覺察情緒，情緒常常干擾了自己，有時會氣到發抖，但是又不能怎麼樣？就算再有耐心教導，孩子還是會調皮惹惱人。

Cara說懂得覺察之後，一旦覺察有情緒，學會了多深呼吸，會利用短時間告訴自己：「我覺察自己在生氣，生氣了沒關係，我可以接納自己。」

Cara告訴我，當擁有了覺察，對自己承認接納之後，情緒就比較弱化了，言行上變得比較自由，也覺知該如何說了，好奇的比例漸漸增加，跟孩子的互動品質更好了，這個關鍵在於覺知。

Cara提到一個小朋友，整理書包的時候，常常會漫不經心，總是落東忘西，Cara每次去提醒他，都是一場師生拉鋸戰。

當天那位孩子書包拉鍊沒拉，Cara不斷提醒他拉拉鍊，但是跟孩子提醒的過程，並不是那麼輕鬆，有一些不開心的應對，孩子仍然沒放在心上。

當天Cara重整了自己，再次請孩子過來，告訴孩子：「你看一下你的書包，發生了什麼事情？」

那個孩子聽見Cara問話，馬上就賞了Cara一個白眼，眼神瞬間飄來飄去，Cara感覺自己爆炸了，真是非常的生氣呀！

坦誠面對自己的情緒

但是瞬間她覺知了，覺知自己被生氣填滿，她深呼吸之後，情緒稍微穩定，她再告訴孩子：「你被老師叫過來，你很生氣對不對？」

孩子點點頭。

Cara告訴孩子：「現在老師也很生氣，那你先冷靜一下，老師也先冷靜一下。我先在旁邊做事情。」

Cara這樣的覺知，是非常重要的。

若是不覺知自己情緒，通常會沒完沒了的提醒，但是生氣之下的提醒，通常不會帶著接納性平靜，反而創造不少爭端。就算孩子暫時答應了，日後犯錯或忘記的可能性大，因為孩子內在也諸多情緒，只是被大人壓下來而已，而孩子的諸多情緒，易讓孩子變成分心，行為上也會更多打岔，這也是為何大人一再提醒，孩子一再犯錯的主因。

再者，Cara對孩子表達情緒，並確認了孩子情緒，也是非常重要的一步。因為教育者也有情緒，當教育者能夠表達，不以自己情緒凌駕，而能坦誠面對自己的情緒，且說出孩子的情緒，不僅自己覺知情緒，也幫助孩子覺知情緒。

幾分鐘過去了，孩子一直靠近Cara，挨在Cara的身邊，但是孩子都沒有說話。

Cara發現了孩子的靠近，問孩子：「你有話要跟我說嗎？」

孩子點點頭。

當時還有其他小朋友，為了不影響其他人，也不影響孩子的心情，Cara請孩子到外面說。

Cara問孩子要說什麼呢？

孩子立刻跟Cara說：「老師，對不起。」

Cara：「對不起什麼呢？」

孩子說：「我剛剛不禮貌。」

Cara問：「哪裡不禮貌？」

孩子非常可愛，做出眼神飄的表情，並且誠懇的說：「我的眼睛一直……」

Cara繼續問：「知道老師怎麼會叫你過來嗎？」

孩子點點頭說：「因為我書包拉鍊沒有拉。」

Cara這時才將教育的想法帶入：「知道書包沒有拉拉鍊，會發生什麼事情嗎？」

孩子說：「東西會掉出來。」

孩子一說完，Cara給孩子一個擁抱，對孩子說：「老師很關心你，也很喜歡你。你剛剛真了不起，會發現自己不禮貌，然後過來跟我道歉。」

Cara隨後牽著孩子的手，一起進去教室了。

覺知帶來改變

Cara後來告訴我，孩子從那一次之後，拉鍊比較常拉上了。

我問Cara怎麼看這過程？

Cara說滿佩服自己。因為跟孩子第一次談話，孩子眼球不斷翻著，在談話的過程，孩子眼球沒有停過。Cara沒能好好談話，跟孩子槓了滿久。

經歷了一次談話，Cara靜下來有了覺知，除了照顧自己情緒，想自己學過對話了，怎麼會那樣處理呢？那樣的狀況不是自己要的，因此Cara迅速調整了自己，再次跟孩子對話。

雖然第二次的對話，並未換來孩子改變，但是Cara更多覺察，覺察了自己的情緒，才有了後續的教育過程。

Cara分享了這一段經歷，我聽了也很感動。因為大人的教養過程，不會每次都美好，但是大人只要覺知，就能擁有更多自由，教育的可能性就豐富，也能引導孩子覺知了。

若是家庭裡的父母，學校裡的老師，都能擁有覺知，那麼教育將會是美好的修行，也能展現更多美好的樣貌。

我在對自己生氣嗎？

一般人心裡有情緒，在並未覺知的狀態下，常常會被情緒控制了，但是自己並不知道。

初步覺察自己的情緒，懂得稍微停頓，以3A的方式，在心裡對自己敘說，對大部分的人而言，就像是唸咒語一樣，這是大腦與意識的工作，覺察力漸漸變強了，內在的安穩就會增加。

所謂覺知情緒，不只是知道當下情緒，還需更進一步專注，而3A或6A的流程（詳見二〇〇頁說明），正是讓自己專注內在，就是照顧有情緒的自己。一旦覺知自己情緒，便是取回控制權的第一步，覺知了情緒之後，讓意識與情緒同頻，而非被情緒所控制，語言與行動逐漸改變。

當覺知了自己的情緒，內在就有了空間，給了自己更多安頓，再試著覺察自己的「應對模式」（應對模式是指人面對一個事件，所做出來的言行），是不是在指責、說理或討好[7]？可以如何穩當表達，或者運用好奇的對話，會有更好的效率。

若能覺察自己情緒，可以再深入覺察，是否對自己生氣？

很多教師或父母，常常在教孩子的時候，內心帶著對自己的生氣，但是自己並不知道。

我問Cara，在覺知自己的當下，會對自己生氣嗎？

Cara點點頭說有。

生氣這種情緒，若是對外界有情緒，只要願意承認了，願意接納了，利用好的方式發洩，比如跟人說一說，或者找個安全之地，試著吼一吼，流動情緒，這是讓情緒「健康」的流動，右腦的情緒就不阻塞，這流動的步驟在6A中，即是「Action」（轉化情緒）的部分，但要在流動之後，收束這些能量，給自己欣賞與關愛，日後遇到生氣的狀態，會感覺情緒的影響力，越來越弱化下去，對自己的影響更小了。

但是對自己生氣，這個程序就不管用了。因為，沒有同時對自己生氣，又是愛自己的狀態。

我問Cara能做個決定，不對自己生氣嗎？

Cara感到一陣困惑。

我對Cara說：「生命的誕生，是因為有愛。大人對自己有愛，才能給孩子愛，若是對自己生氣，愛的能量就削弱了，不會帶來任何好處，只會帶來很多壞處。既然如此，那為何要生自己氣呢？只有接納了自己，願意愛自己，自己的能量才會茁壯。」

我看Cara的表情，感到一陣困惑。

我補充說明：「為什麼要生認真老師的氣呢？如果我能接納孩子，也願意接納自己，在教育的過程中，也許會做得不夠好，我可以接納自己，即使我對孩子生氣了，也沒有做出不好的應對，即使做出不好的應對，我只要願意改變了，就會往更好的目標前進，因此決定不生自己的氣。」

我接著問Cara：「妳聽起來怎麼樣？」

Cara紅著眼眶說：「噢！我很心疼那個老師喔！」

7 薩提爾將人們慣常的應對姿態分成：指責、討好、打岔、超理智。比如父母常常罵孩子，在薩提爾模式中被歸類為「指責」的應對，但是指責一直無效，父母仍舊重複此種應對，或者變成不理孩子、討好孩子、對孩子說理，這就是應對姿態中的打岔、討好與超理智，往往也都是無效的。所以面對孩子的問題，父母如何應對？常常會是個問題。

我邀請Cara，對自己下一個決定，不要生一個認真老師的氣，老師已經盡力了，若決定不生氣了，能看見認真的自己，只要改變就行了。

Cara說：「但是這很難呢！對自己很難說出來。」

的確如此，下決定不生自己的氣，不再自己責備自己，有些人的確難說出來，但是只要願意決定，再慢慢練習說出來。

我問Cara：「接納了認真的老師，不對認真的老師生氣，這個老師難道就會墮落嗎？就會不想認真嗎？」

Cara搖搖頭說：「不會。」

如果不會的話，那何需生氣指責自己呢？

接納自己，才能真正接納小孩

我繼續跟Cara說，這也是教師需要理解，需要學習如何照顧自己，也是維繫教師戰力的一部分，我接著對她說：「若是決定不生氣了，就不會自責了。但是決定不生氣，決定不自責，雖然還是做不到，也接納自己做不到。」

當我們願意等待孩子，理所當然的是，我們也願意等待自己，因為我們的成長沒有被等待，我們這一輩人的成長，並沒有一個這樣的大人，願意無條件在背後等待我們。當我們決定了，但是沒有做到，我能看到一個認真的、不放棄的，這樣的一個自己，深呼吸去感覺自己，那才會真正體驗自己，體驗自己內在的能量，因為那才是真正的能量。那麼我就可以更進一步，對小孩擁有真正的接納，這才是真實的接納。

我一連串說了一堆道理，道理通常使人昏昏然，因此我問 Cara：「聽我這樣說，有何感受與想法？」

Cara 說自己更想哭了。

我想是因為貼近自己了，因為內在的「我」，常常不被自己理解吧！

用「6A」覺察自己

人面對情緒，常不知如何專注？因為很容易有情緒，就做出不好的行為，因此很多人避免情緒，其實是要注意情緒中，不當的行動與反應。另外一個情況是，在有情緒的狀態中，衍生出很多的思考，思考夾纏著情緒，讓自己不斷苦惱，這些都不是專注於情緒。

因此，我邀請人們經常覺察，自己身心是否有情緒？一旦有情緒了，就以一個口訣跟自己連結，這個口訣就是運用如下語言，讓身心同在。我在發展初期，根據每個人的經驗狀況，發展了不同的口訣，也就是5A、3A、6A各個層次，6A依序是Aware（覺知情緒）、Acknowledge（承認情緒）、Accept（接受情緒）、Allow（允許情緒）、Action（轉化情緒）、Appreciate（欣賞自己），為了避免頭腦不專注，因此以心裡默唸的方式，讓頭腦與情緒專注同在，發展成語言。以難過情緒為例，可以如下：

・我感覺到了自己在「難過」。

・我願意接納，並且允許自己感到難過。

・我願意靠近這個難過的自己。

・我會陪伴這個難過的自己一會兒。

・深呼吸三～五次。

・欣賞自己雖然難過，但是仍那麼真誠……。

很多人的覺察情緒，想要迅速轉化，而非真正靠近情緒，因此，我在操作的過程中，會視情況邀請來訪者，先練習前3A就好，待能真正接納情緒了，再進行後面的轉化動作。

「好媽媽」的冰山

讀書會的成員紀子，是兩個孩子的媽，孩子步入青春期，常常有自己的意見，對媽媽交代的事項，諸如洗碗、摺棉被、讀書……孩子除了反抗之外，就是消極的不理會，當媽媽的紀子頭疼極了，加入讀書會學習，想改變自己的教養方法。

讀書會每週聚會一次，成員很認真學習，帶領者每週布置功課，還請我到現場交流。

到了讀書會現場，紀子看到作者來臨，感到既開心又羞愧。一問之下才得知，這週成員的功課，需練習好奇的對話，但是紀子這週太忙碌，以致於忘記做功課，因此感到非常愧疚。

聽話的人長大後

當紀子說了見到我很愧疚，我只是問她：「發生什麼了呢？怎麼會感到愧疚？」

紀子突然不說話了，眼眶泛出淚水。

我關心她的眼淚，是為了什麼而流？

紀子突然啜泣起來。她一邊擦眼淚，一邊低聲啜泣，好似委屈的女孩，眼淚無法停止。

紀子說自己很少缺交作業，這一週竟然沒有練習，她感到很自責，見到作者本尊來了，她感到無比的羞愧……。

我從小不做作業，似乎從來未自責，只是想著怎麼辦？無論是逃避或補交，總能想出辦法面對，看來我實在調皮，而紀子實在聽話。

聽話的孩子受傷重，來自於飽受情緒之苦，常見的情緒是委屈、難過、受傷、煩躁、焦慮與憤怒。

向來聽話的孩子，常需要成全他人，有時忽略了自己，尤其是個人的想法與感受，內在自然諸多情緒，想法又來回糾纏，總是沒個安頓處；向來聽話的孩子，一旦不想聽話了，或者未盡自己責任，心裡便感到愧疚。因為聽話者向來被要求，從聽話取得被認可，而不是被接納與愛，潛藏的自責出來作祟，生命走向委曲求全，不是走向喜悅和諧，關係常是矛盾糾纏，或者疏離而不踏實。

聽話的人長大後，常要求孩子也聽話。

要求孩子聽話的信念，在這時代常遭遇困境，因為權威逐漸解構，社會氛圍改變了；也有父母覺醒了，不需孩子一定聽話，但內心雖然想改變，言行卻往往做不到，因為大腦神經條件反射，仍然常要孩子聽話，心裡的矛盾巨大，常常不能相信自己。

紀子與孩子的衝突，亦來自紀子諸多規定，期望孩子能好好做到，彼此沒有對話連結，孩子進入青春期之後，衝突與疏離就此顯現，而紀子的內心糾結，因為孩子沒教好，自責不是個好媽媽。

聽話者的內在冰山

我到了讀書會現場，看到與會者落淚，一同參與讀書會的夥伴，紛紛期待我與紀子對話，示範如何在冰山探索？將書裡的對話呈現。現場的夥伴們，也鼓勵紀子來場對話。

紀子有點不知所措，因為她還陷入愧疚中，但是她從小習慣聽話，因此點點頭願意談話。

夥伴的請求很突然，我不是個「聽話者」，也不是個「故意不聽話者」，但我還是做了一個決定，可以關懷這位母親，看她是否也願意探索？我在幾個問話確定之後，和紀子來一段對話。

我好奇的問：「曾因自己沒做好，而被責備過嗎？」

她點點頭表示有，雖然她很聽話，但是仍然常被責備。

她突然悲從中來，想起小學六年級，媽媽要她背誦〈琵琶行〉。她背了很久沒背熟，媽媽嚴厲的瞪著她，她感到非常害怕，覺得自己笨死了，不斷重複背了幾次，媽媽最後無法忍受，一巴掌賞了她耳光，憤怒的將書本撕碎了。

紀子說到此處，身體微微顫抖，伴隨著眼淚落下，她初期想要克制，但可能情緒太多了，她的身體不斷顫抖。

我請她接受此刻感覺，也接受身體的顫抖，請她給自己一個允許，貼近她的內在看看。

我問她此刻的感受。

紀子說她感到生氣。但不是生媽媽的氣，而是生自己的氣，氣自己怎麼做不好？

媽媽對她的責備呢？她有生氣嗎？

紀子搖搖頭說沒有。因為她沒背好書，是她的問題，媽媽這樣罵她，是應該的，也是對的方式。

很明顯的可以看到，紀子在此處的邏輯，認同了媽媽的「應對」，因此她內在對自己生氣，當事物不符合預期，她內在也指責自己。

我邀請她辨識，除了生氣之外，還有什麼感覺呢？

紀子停頓了一下說：「我覺得好委屈。」

「委屈什麼呢？」

紀子像個不被理解的孩子，抽抽噎噎的說：「我已經盡力了呀！」

這就是頭腦的邏輯，既對自己感到生氣，又為自己感到委屈，都是跟自己過不去。

對一個委屈的人指責，並不會讓人更有動力，也不會讓事情變得更好。過去被對待的經驗，轉而成為內在觀點，也內化為內在情緒，但是這種內在循環，對於自己沒有幫助，無從覺察問題所在，無法跳脫思維與感受迴圈。

我這兒提問：「面對一個盡力的孩子，妳還要生她的氣嗎？還要繼續指責她嗎？」

我將紀子拉出童年，從外圍看當年自己。

紀子的認知依舊不依不饒：「可是她真的沒做好呀！」

從期待進入渴望

面對紀子執著於責備自己，我對此內在邏輯有評估：那是紀子對母親的效忠。因此要她不生氣自己，等於讓孝順的紀子變心，彷彿從內心否定母親。

我嘗試從其他部分連結，我選擇的是「期待」。期待可分為「自己對他人的期待」、「自己對自己的期待」，以及「他人對自己的期待。」

當我將紀子拉出童年，從外圍看當年自己，等於問紀子對童年自己的期待：「面對一個盡力的孩子，妳還要生她的氣嗎？還要繼續指責她嗎？」

但是紀子對自己期待高，認為不對自己有此期待，就是從內心否定母親，何況母親已經仙逝了，成了一種「未滿足的期待」，因此我透過母親的期待，來檢視對紀子的影響，怎麼樣更滿足母親期待？

因為媽媽的期待，還有紀子的期待，不都是一樣的嗎？都是讓紀子更好。但是媽媽的指責，以及紀子的自責，並沒有讓紀子更好。

我問紀子的期待：「那妳想幫助她嗎？幫助她做得更好，幫助她更有效率？妳想要嗎？」

紀子在這兒點點頭，說她當然想要。

我好奇她當年的狀況，她後來的背誦，那首〈琵琶行〉背完了嗎？

紀子說她花了很長時間，終於背完那首詩。但是她沒有背給媽媽聽，因為每次背那首詩，她都會莫名恐懼，而且那首詩不好背，很容易忘掉幾段，她非常討厭那首詩。

現場不少夥伴出聲：「那首詩很容易背呀！」

這固然出自個人喜好，但應也有其他原因，比如媽媽斥責帶來的陰影。

「如果回到十二歲年紀，當妳〈琵琶行〉背不出來，期望媽媽怎麼說，妳會覺得比較有力量？」

紀子困惑的說：「媽媽生我的氣，罵我之後，我就會更努力呀！」

我請紀子回到十二歲，試著回想當時的心境，我說了一段斥責的話，請紀子感受一下心情，並且評估自己努力的力量，若是滿分十分的話，會有幾分呢？

紀子聽完了我的斥責，瞬間就噙著眼淚，說想努力的力量有三分。

我問紀子，可以試其他說法嗎？看看是否比三分高？

紀子採用鼓勵的方式：「背不好沒關係，下次再加油。妳一定可以的。」

我再度請紀子體驗十二歲，背不出〈琵琶行〉的心境，我將鼓勵的話告訴她，問她內在力量有幾分？

紀子說心裡有五分力量。

接下來我三度邀請紀子，回到十二歲背〈琵琶行〉，背不出來的心境，去感覺自己的恐懼、難過與生自己的氣。

請她試著聽我說：「紀子，妳〈琵琶行〉沒背好，很沮喪難過吧？也感到害怕吧？我都知道了，雖然妳沒背好，但是妳一直努力著吧！這樣努力的人，不需要對自己生氣，因為我也不會生氣，因為妳是這麼願意……」

我的話語還沒說完，紀子早已淚流滿面了。

我問紀子的眼淚是什麼？紀子說自己很感動，內在的力量有九分。

我問紀子這樣的語言，對當時十二歲的紀子，是否比較好呢？

紀子點點頭說：「如果是這樣的話，我就不會害怕了，我好像會更努力。」

我將場景拉回此刻，請她試著想想看，可以怎麼對自己？如果自責的力量，只有三分而已，那麼可以怎麼對自己說呢？媽媽此刻在天上，會想要怎麼樣的紀子呢？

未料紀子突然插話：「老師，我覺得自責的力量，只有三分而已，但是負面的力量有十分。」

紀子說完這句話，全場的人都笑了。

紀子很困惑的問我：「那為什麼我要自責呢？」

我雙手一攤，「這要問妳才知道，不是嗎？」

「那我當然不要自責。」紀子彷彿恍然大悟，但隨後她又說：「可是這樣的話，我會不會很不孝？我怎麼可以否定媽媽？」

我跟紀子說明歷程，只是一個開始而已，讓她明白自責的由來，自責有何用處？但是，後續還要處理的是，童年紀子的內心如何被照顧？委屈如何被理解？是否對母親有憤怒？……但是不可否認的是，媽媽仍然愛女兒，只是使用的方式不妥，紀子可以看見媽媽的愛，但不認同媽媽的行為，就能活出自由的自我。

紀子聽著我的訴說，瞬間眼淚又流出來，但隨即問我：「那還可不可以繼續？或者下一次有機會對話？」

大家都笑了出來。

我請紀子先決定，決定不再自責，願意接納自己，願意看見自己，並且「欣賞自己很努力，一直沒有放棄」。

自責的大人對孩子更多生氣

當孩子面對困難，大人嚴格的要求，讓孩子跨越困難，難道是不好的嗎？這不是鍛鍊孩子的心志？磨練孩子的毅力嗎？

如同孩子去攀岩，當孩子在繩索確保安全無虞的情況下，孩子仍然不敢攀越，大人依然堅持要求，難道這樣不好嗎？

這是一般人最常有的疑惑。

大人堅持孩子攀越，培養鍛鍊的是孩子的「心」，「心」要如何培養？

培養孩子的「心」，在科學上的意涵，關注孩子的大腦發展，在薩提爾模式的隱喻，就是冰山的圖像，尤其是「渴望」與「自我」層次。

大人的堅持沒有問題，甚至大人有時須堅持，所以陪伴孩子攀岩，並未讓孩子放棄，而是讓孩子不斷嘗試，關鍵是大人的態度，態度就是：所說的語言，說話的神情，說話的聲調，即是對孩子的「愛與接納」，而愛與接納孩子，從愛與接納自己而來。

大人的態度來自內在，就是大人的生命歷程。

大人需時刻覺察，妥善安頓自己，以溫暖的心陪伴，而非自責的心。透過關懷的語言，好奇的探詢，即是良好陪伴。孩子的「心」得以茁壯，自然有力量跨越難關。

在〈不拉書包拉鍊的小男孩〉一文，Cara覺察自己情緒，覺察是否自責？進而照顧自己情緒，決定不要自責，就能安穩對待孩子。

在〈「好媽媽」的冰山〉一文，紀子童年成長過程，即是被嚴厲對待，當紀子長大成人，努力卻達不成目標，內在就紛擾不堪，陷入痛苦的循環，這是從小被指責，長大後學會自責，而無法真正負責，所形成的內在狀態。

在教育孩子的路上，大人帶著過去印記，這些印記有的是資源，有的不適合當下，難免有做不好的時刻，但基於愛要從自己開始，永遠都要看見自己，去接納自己的不足，甚至接納自己會發火。當自己能接納自己，對孩子的指責也會減少，因為自責的大人，會對孩子更多生氣。

當大人不自責了，就是願意看見自己了。

教育者看見孩子之前，經常忽略了：有一個「我」需要被看見。當人不消耗能量，去責備自己了，力量就能夠集中，專注於為自己負責。

當大人學會不自責，才能減少指責孩子，若是懂得表達關懷，溫柔堅定的表達規則與界線，在對話中多使用好奇，孩子也會越來越負責。

覺知自己情緒，決定不再自責，這是教養的開始，同時，我們也教養孩子「覺知自己情緒，決定不再自責」，這是愛自己的程序，愛孩子的程序，也是讓孩子愛自己的程序。

愛自己需要學習，無論有多困難，都值得一輩子學習。

幫助孩子覺知

不吃飯的小女孩

在雨果幼兒園，看孩子吃午飯。

問老師們是否有經驗，遇到吃飯很慢的孩子？能否分享給我知道？

一位老師說：「最近班上有一個女生，她一開始吃飯比較慢，我們觀察了一陣之後，問她是不是吃飯比較慢？那個女生說太大碗了。於是我們將食物分成一半，她吃飯就快速了，好像她之前的容器太大，她吃飯會有壓力。」

這是教師對幼兒吃飯，能夠細膩的觀察，並且跟孩子互動，幫助孩子找到問題，這是個美好的過程。

還有一位老師分享：「有個孩子吃飯比較慢，吃飯的時候圍兜沾滿飯，我們只是耐心陪伴，在他吃完飯後，協助他清理圍兜。」

這個過程對我也美好。

為何我會發出這樣感嘆呢？

因為姪兒、姪女吃飯慢，在幼兒園被處罰，甚至別人都在上課，卻留姪兒一人吃飯，教師這樣的應對，姪兒吃飯速度並未變快，反而更不想吃飯了。

吃飯是個愉快的事情，當孩子吃飯速度慢，大人應該耐心陪伴，或者多一些互動理解。

孩子在學會生活技能，以及智力的發展，都不應扼殺孩子人格發展，人格包括精神性的內在，應是在愛與自由的涵養中產生，人的能力與思維會自然發展。當孩子學習自主飲食，大人若用強制的方式，使其吃飯的速度達到秩序，符合大人的要求，反而錯失孩子內在成長秩序。

因此當孩子吃飯速度慢，孩子吃飯圍兜沾滿飯，老師都能寬容與等待，正是對孩子的接納與愛。

孩子若是年紀太小，語言的表達還不成熟，自然不易互動討論，只要耐心陪伴就行，若是孩子口語發展成熟，大人可以與孩子多些討論。

要怎麼互動討論呢？以下我舉一個案例，呈現冰山對話，運用在日常生活，運用在幼兒身上的例子。

飯可以不吃了嗎？

我到小食堂用餐，平常食客不多，常見一位小女孩，在桌邊與客人談話，女孩眼神澄澈動人，說著童言童語，常逗得客人哈哈笑。

女孩是店主孫女，年齡只有五歲，店主阿嬤也健談，與客人閒話家常。

我向阿嬤稱讚女孩，機靈可愛又動人，彷彿像個小天使。

阿嬤眼瞅著女孩，滿滿是憐愛眼神，我方知女孩五歲了，卻從未見過父母，跟阿嬤相依為命。

女孩秀麗的臉龐，童真的語言，來客都疼愛她，卻失去父母的愛，這真是個遺憾。女孩聽阿嬤提到父母，立刻抱著阿嬤說：「只有阿嬤最愛我，我也最愛阿嬤了。」

童言童語惹人憐惜。

阿嬤為了招呼客人，到廚房準備飯菜了，女孩跟客人聊起來，她的口齒伶俐極了。她從襁褓即成長於餐廳，跟每個來客聊天，與客人的互動很自然。此地鄰近幾所學校，來客大多是老師，皆喜歡這個小女孩。

以心理學、腦神經科學來看，在多連結環境中長大，也容易跟人親近，語言的發展亦較佳。

阿嬤端菜上桌了，女孩問阿嬤：「飯可以不吃了嗎？」

我去了食堂三次，三次都見此情景，女孩一頓飯要吃很久。

我問阿嬤：「女孩常這樣嗎？吃飯不專注？而且吃得很慢？」

阿嬤說正是如此，真是讓人煩惱呀。

孩子吃飯不專注，吃飯很慢或不吃，大人除了愛心陪伴，也可以注意是否幾個原因？我分享給阿嬤聽：「平常吃零食、吃飯時間不固定、吃飯時大人不專注陪伴……」

阿嬤感嘆的點點頭，同意這些原因，都是女孩遇到的狀態。每到了吃飯時間，阿嬤必須招呼客人，吃飯時間無法陪女孩，阿嬤有深深的嘆息。

這日，食堂僅我一桌，當阿嬤去下廚準備，女孩捧著飯碗求情，是不是能不吃飯了？我突然起心動念，邀請孩子將食物取來，與我同座一起吃飯，我來陪她吃飯吧！

小女孩並不怕生，聞言點頭答應。以下是我陪她吃飯時的對話：

阿建老師&不吃飯小孩的冰山對話

她將飯碗端過來，裡面還有半碗飯。我邀她坐在對面，我問女孩：「妳想要把飯趕快吃完嗎？」

小女孩搖搖頭。

女孩搖搖頭，表示不想吃完，我接著問女孩：「妳不吃完飯，會被阿嬤唸嗎？」說明1

女孩這時點頭了。

我也笑了，笑她的天真，還有可愛的表情：「妳喜歡被阿嬤唸嗎？」說明2

女孩回答：「不喜歡。」

「那妳怎麼會吃不完呢？這是怎麼啦？是飯太多了嗎？還是已經吃飽啦？」說明3

女孩想了一下說：「不知道。」

女孩不是說「吃不下」、「不好吃」、「吃飽了」，卻表示「不知道」，對我而言，這有很多意思。

我接著問她：「妳想要把飯吃完嗎？開心的把飯吃完，妳想要嗎？」說明4

女孩開心的笑了，點點頭表示願意。

這一次我再次提問，既是核對也是正增強：「妳吃完飯了，阿嬤也不會唸妳了，妳真的想要嗎？」

女孩點頭說：「我要。」

「妳本來不要，怎麼改變了呢？」說明5

女孩停頓一下，笑著說：「我想要吃完。」

我沒有立刻要她吃飯，反而接著問她：「妳吃飯的時候，嘴巴會停下來嗎？」說明6

女孩笑著回答：「不知道。」

女孩說不知道，我便以行動引導：「妳吃飯的時候，嘴巴會一直動嗎？像我這樣子咬。」

我做了咀嚼的動作，只是有點兒誇張，突出嘴巴「動」的狀態。

女孩咯咯的笑了起來，嘴巴跟著咀嚼了。

我接下來問她：「妳牙齒這樣咬，速度比較快？還是我比較快？」

孩子通常喜歡玩，將專注力導入遊戲，更能讓孩子投入。她立刻回答說：「我比較快。」

我告訴她：「我覺得我比較快。」

女孩說：「我比較快。」

女孩說完，又專注咀嚼起來，展示她的咀嚼讓我看，表示她比較「快」。

我提議進行小比賽：「我們來比比看好嗎？比賽誰最先嚼二十下。妳會算數學嗎？會從一算到二十嗎？」

女孩點頭說：「我會算。」

女孩就從一開始算了起來，不一會兒算到了二十。

我重新確認一次：「那妳要跟我比比看嗎？」

女孩點頭表示願意。我們約定咀嚼時心算，算到二十次時舉手，判斷誰咀嚼得快速？

我請女孩吃一口飯，我也吃了一口飯，彷彿兩位比賽百米選手，在預備線上做起跑準備，當我將手勢比下去，女孩與我便專注咀嚼，我一邊咀嚼一邊比手指，計算我咀嚼的次數。

她咀嚼得非常專注，幾乎每一次都贏我。每次她贏我了，我就會好奇：「妳是怎麼嚼的？怎麼會比我快？妳教教我吧！」

女孩很喜歡笑，笑得很燦爛，動著她的嘴巴說：「就這樣……這樣……」

說明 7

女孩一邊解釋，一邊做出咀嚼動作。

於是我們又比賽了幾次。她將飯吃完了，將空碗展示給我看，已經是「碗底朝天」，口中也沒有含飯，張大了嘴巴讓我看，掉了的乳齒正空著。

當女孩吃完飯了，我點的菜還沒上齊。我開心之餘，也好奇的問她：「這一次妳怎麼吃這麼快呢？」

說明 8

女孩再次天真的笑了，但她沒有回答我。

我跟她約定以後來吃飯，邀請她下次再比賽，她爽快的點頭答應了。

女孩隨後拿一個玩具，那是一個小玩偶，她開始跟我說故事……她喚著玩偶小名，我仔細問她之後，原來是她的名字。

女孩希望有人疼吧？我見她喚玩偶名字，五歲女孩像個媽媽，呵護著手心的玩偶，我心裡突然一陣疼。

阿嬤端菜上桌時，見女孩將飯吃完了，顯得非常驚訝，對女孩做可愛的表情。

阿嬤坐在飯桌旁邊，跟我話起家常來。阿嬤其實大我五歲，算是很年輕的阿嬤，她訴說開餐廳歷史，我則說自己從事教育。

食畢離開食堂前，跟阿嬤聊天一會兒，阿嬤獨力帶孫女，既要兼顧食堂經營，又要看顧孫女成長，實在是太不容易了。

我也聊了自己的故事，交流彼此生命經驗，讓彼此流動更多。當我離開食堂，女孩看來很捨不得，陪我到食堂外面，走了一小段路。

這個年僅五歲的孩子，也很想要更多連結吧！

我與女孩比賽咀嚼，是讓她專心於吃飯，只是運用咀嚼比賽，來跟女孩做個遊戲，在咀嚼比賽之前，我與她對話互動，我將這些對話的脈絡，置於下一篇文章的說明。

探索孩子抗拒的冰山

在上一篇我與小女孩的對話中，我透過幾句提問，讓她從不吃飯到吃完飯，脈絡說明如下：

說明 1

我問：「妳不吃完飯，會被阿嬤唸嗎？」

這句提問，建立在「事件」，以及「阿嬤應對」的「回溯」，不吃飯是事件，阿嬤會唸人，是阿嬤的「應對」。問的是過去的事，所以可歸類為「回溯」問句，回溯能覺察問題原因。

一般對話初學者，在運用回溯的時候，會稍嫌生硬與套路，會問：「你什麼時候開始吃不完飯？」

若是這類生硬問話，會讓人感覺突兀，而且會不知道如何回答，回溯的語言表達，有無數種問話的方式。

說明 2

當我問：「妳喜歡被阿嬤唸嗎？」

這是以阿嬤的「應對」，問女孩被應對之後，冰山內的「觀點」與「期待」。聚焦探詢對方的「應對」，探索冰山的影響、衝擊，可以靈活使用，且很容易讓人產生覺察。

說明 3

重新回到吃不完的探索。通常孩子會說「不知道」，或者「不想吃」，若是回答「不想吃」，則再深入瞭解狀況。

比如可以開放性的提問：「發生了什麼不想吃？可以告訴我嗎？」

稍微封閉性的提問，以選項給孩子：「是不好吃嗎？還是吃飽了？還是……」

若視情況來看，以前不會這樣，後來變成這樣了，可以回溯性提問：「你從以前就不想吃嗎？」

或者可以觀察，提問：「我記得你以前會吃完，後來聽到你說不想吃，那是從什麼時候開始？（或者問：「發生了什麼嗎？」）

當孩子說「不想吃」，也可以從孩子此刻冰山問：「你告訴我『不想吃』，會感到害怕，或者緊張嗎？」

這裡女孩回答「不知道」，我也可以如上述提問。但是一般狀況下，女孩在這兒回答不知道，應是「不專注」的情況，她並沒有意識，所以她也難說明。更細緻的問話，就是直接問她「吃飯會不專心嗎？」指向讓她覺察「不專注」，以及解決「不專注」問題，那就更好了。

說明4

我問：「妳想要把飯吃完嗎？開心的把飯吃完，妳想要嗎？」

開心把飯吃完，是一種輕鬆、自由的狀態，我將此狀態歸納為「渴望」層次，「渴望」層次即是感覺安全感、自由感。擺脫壓力的慣性，自然就能得到自由，所以將此設定為「期待」，問她是否願意？一般的狀態下，人都會同意這樣的目標。

說明5

當我問：「妳本來不要，怎麼改變了呢？」

這是聚焦在改變處工作，有助於強化改變的力量。

這部分的改變，來自女孩「期待」，並非不想要吃完，而是期待不要被碎唸，這裡便是澄清「期待」，澄清之後即得知，她也期待自己吃完。

而期待不要吃，其實來自被碎唸，因此衍生「不想吃」了，所以圖像應是：「想要吃完」（期待），此時感受是「急切」↓「一直吃不完」（現狀）↓「被指責或數落」（被應對）↓「煩躁、不安、沮喪」（感受）↓「我吃不完」（觀點）↓「我期待不要吃」。

下頁我以兩個冰山圖，顯示冰山的變化，即是慣性的「應對」，形成她冰山後來的狀態，某種程度，也可視為「從期待吃完飯，變成期待不吃飯」的一個過程。

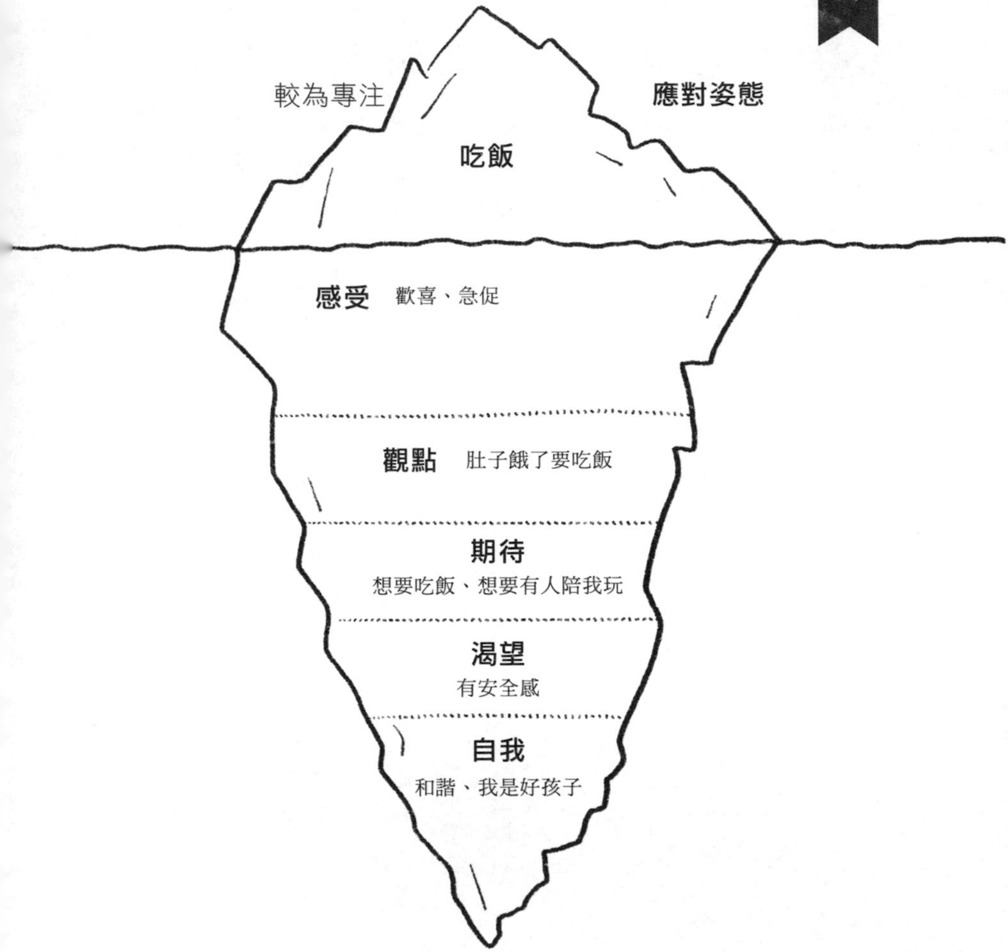
較為專注
應對姿態
吃飯
感受 歡喜、急促
觀點 肚子餓了要吃飯
期待
想要吃飯、想要有人陪我玩
渴望
有安全感
自我
和諧、我是好孩子

吃飯時長期被指責、命令後，面對吃飯的冰山

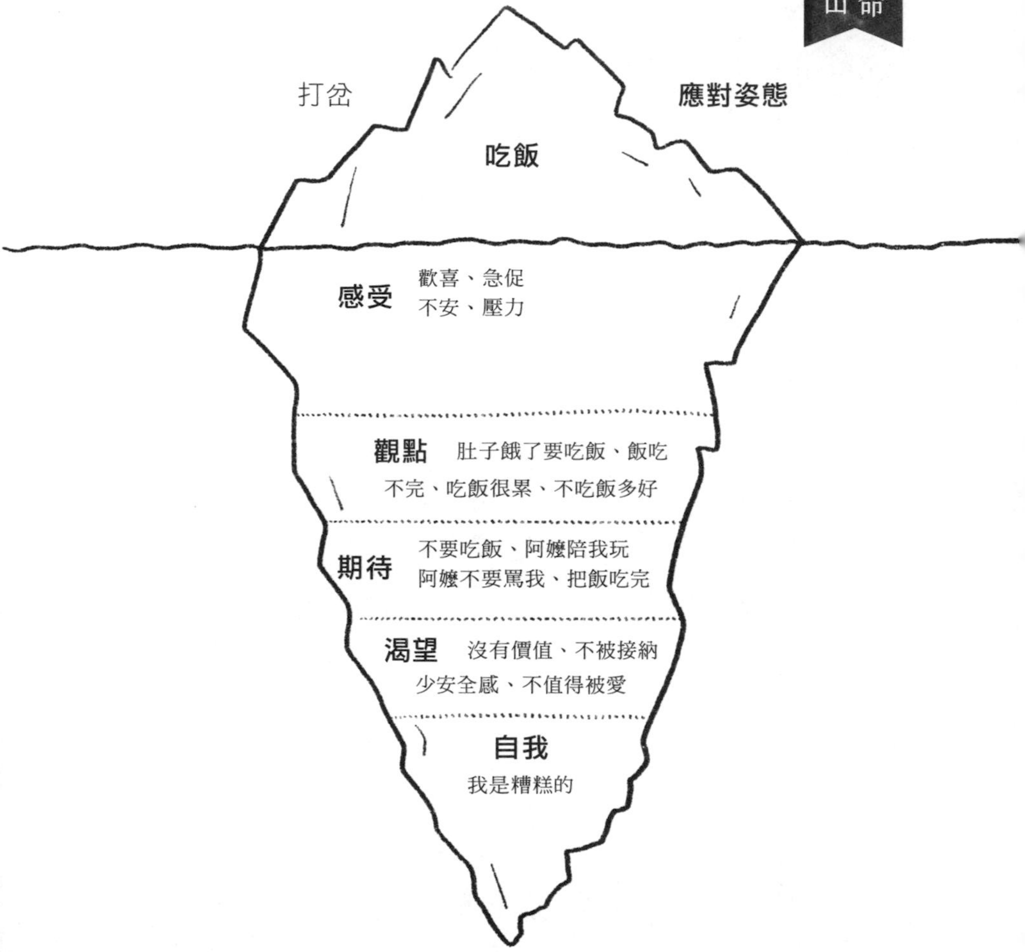

讀者不妨思索，孩子從原本的冰山，走到第二個冰山，並非一次形成，而是慢慢形成的冰山，不妨更多思索，每次接收如此「應對」，每一次冰山可能的變化，最後會走到什麼樣的內在？

說明6

當我問：「妳吃飯的時候，嘴巴會停下來嗎？」

這句提問導入覺知，就是專注吃飯的意思，一般吃飯不專注的孩子，吃著吃著嘴巴就停下來，卻不知道自己停下來。若是知道嘴巴停下來，就能為自己選擇繼續咀嚼。

說明7

當女孩意識咀嚼，並且咀嚼比賽贏了，內在就有了價值感，這是「渴望」層次，她將更意識自己咀嚼狀態。當我邀請她教我，她必須重新經驗咀嚼，有意識的將過程展示，更因為是她在教學，她內在更有價值感。

說明8

當我問：「這一次妳怎麼吃這麼快呢？」

這樣的提問，也是讓女孩意識，讓她重新覺知，自己剛剛的行動，跟以前完全不一樣，也是一種正向提問。

避免重複無效的教訓

有稚齡孩子的家庭，若孩子不專注吃飯，大人常覺得累極了，吃飯有如一場戰爭，讓人筋疲力竭。就像五歲的小女孩，不斷的央求阿嬤，可不可以不吃了？將時間耗在抗拒上，而不是專注於吃飯。

當遇到這樣的孩子，阿嬤該怎麼辦呢？重複要孩子趕快吃，孩子仍然慢慢吃。阿嬤總是要她快吃，但女孩不是將精力、專注力用在吃飯，而是用在不要吃飯，如果父母能看懂這個「結」，解開這個「結」就容易了。

說什麼樣的語言、做什麼樣的動作，能讓孩子專注吃飯呢？在這個案例裡面，如何才能讓女孩專注？

事實上一般人多不覺察，在我們的教育中，從沒有人教導覺察，人們常重複無用的慣性，日復一日重複困境。比如孩子沉迷網路、孩子功課不佳、生活習慣不良……大人常說「講都講不聽」，陷於無助的慣性中。

既然講不聽了，怎麼不換個方式呢？卻一直重複無效的教訓？因為沒人教導覺察。

女孩與阿嬤拉扯，一個說不想吃，一個要求女孩吃，應該好一段時間了。每次吃飯的時間，女孩不是專注在當下，不是專注在吃飯，而是專注在抗拒，一碗飯仍得吃完，只是費了好大功夫。

成長從來不需拉扯，成長需要一份覺知。只要自己在當下，幫助孩子在當下，成長就自然且美好。

當我問女孩：「妳想要把飯趕快吃完嗎？」

這句話是確認目標，確認當下要去哪裡？意識到此刻目標。一般人不意識目標，不意識此刻行動，通常並不在當下。

小女孩搖搖頭。

若是孩子搖頭，表示她並不想，或者正在抗拒，不是朝「吃飯」目標前進，如此一來，可探索原因，可修正目標，可清除障礙。

我的這句話，以冰山層次來看，落在「期待」的層次。人的期待很複雜，常是幾個期待糾纏，底層與表層「期待」互相矛盾，衍生出「不知自己真正期待」。一般人不意識自己「期待」，所以常聽人說「我不知道自己要的是什麼？」

女孩不意識自己「期待」，也非朝大人「期待」前進。大人正在進行的行動，喚她趕緊吃飯、專注吃飯、好好吃飯……都讓女孩冰山衍生新的期待：「不被干擾」，並且衍生出另一期待，即是「不想要吃完飯」。「想要吃完飯」與「不想吃完飯」，這兩個期待互相扞格，吃飯自然困難異常了。

透過「回溯」澄清期待

女孩「不想吃完飯」的期待，表現在她的搖頭。

小女孩為何搖頭呢？可能是表面的慣性，也是她潛意識的抗拒。

她已經習慣了，大人叫喚她趕快吃飯，或者哄她「快吃完飯，就可以做什麼了」，這是大人常做的行動，但是對於小孩子而言，卻形成了壓力，他們還沒有學會專注，就先學會了抗拒，因為當他們開始分心，被教導的不是如何專注，而是「趕快吃」、「快點吃」，因而形成的壓力。

因此當女孩聽我說：「妳想要把飯趕快吃完嗎？」

小女孩立刻搖頭了，因為她內在抗拒，她想要的是「如何不必吃？」一旦聽見「要吃完嗎？」她內在就有了壓力，自然立刻搖頭。

這就是冰山的形成。

女孩原本期待吃完，但是長期抗拒拉扯，內在衍生壓力、不安與無力，她產生不想吃完的期待。

當孩子吃飯太慢，或者吃飯不專注，大人若使用命令、指責、恐嚇、說教的方式，就會衍生出這樣的問題。

所以要讓孩子好好吃飯，有幾種方式解決，「對話」是我最喜歡的方式。

對話就是讓孩子覺知，因為合理的飯量，是女孩能盡的責任。透過對話能澄清「期待」，幫助女孩重新覺知，大人幫助孩子專注。

當女孩搖搖頭，表示自己不想吃完，我接著問女孩：「妳不吃完飯，會被阿嬤唸嗎？」

這句問話建立在「合理飯量」，孩子沒有特殊狀況，並非不能吃、不想吃的情境，而是分心不專注的狀況。

女孩這時點點頭。

我在這個基礎上問：「那妳喜歡被阿嬤唸嗎？」

女孩回答：「不喜歡。」

這兩句話都是詢問，當她吃不完飯，阿嬤對她的應對，還有她內在的狀況，這都是問「過去」的狀態，亦即回溯的問句。接下來的幾句問話，讓孩子慢慢看見，她最原始的期待，是能夠將飯吃完，還有一個期待，不要被阿嬤數落。

當女孩浮現這兩個期待，能讓大人更瞭解她，她也感覺大人靠近她了，而這兩個期待，也是我認知合宜的目標，我們的期待也一致。

運用簡單的對話，幫助女孩澄清「期待」，從不想吃完飯，到不想被阿嬤數落，再到想將飯吃完，這就是冰山流動，也是對話的魅力。

引導孩子專注當下

吃飯時就是要咀嚼，不覺知在吃飯的孩子，通常都將飯含著，所以引導咀嚼覺知，常常是我問話的目標。

吃飯的專注體現於咀嚼。當女孩能意識到咀嚼，如何延長意識呢？亦即延長專注力，這是跟女孩提問的目標，所以有了比賽的提議。

我與女孩比咀嚼次數，而不是比誰吃得快。若是比誰吃得快，可能會囫圇吞棗，反而不在「當下」，所以比賽咀嚼次數；若要更專注當下，就在咀嚼時感受味道，咀嚼完分享味道，甚至分享口腔哪一區域，感覺到什麼味道？食物怎麼滑入喉間？就更能在當下了。

我事後跟阿嬤分享，如何帶孩子吃飯？事前要先對話，讓孩子有覺知，再進行吃飯指令，每一項都指向覺知，都指向專注在當下。

幫助孩子覺知之前，大人亦需有覺知。

覺知自己的應對，是否「不一致」？是否在命令、指責、催促、說教……？這些不一致的應對，不僅不易解決問題，還讓孩子的冰山「變化」，形成複雜的狀態：

‧讓孩子的「感受」，多了煩躁、不安、無力。
‧讓孩子的「觀點」，將吃飯看成痛苦的事。
‧讓孩子的「期待」，從歡樂吃完飯，導向不想要吃飯。
‧孩子的價值感低落，讓孩子「渴望」匱乏，感覺被困住的不自由。
‧「自我」的層次，可能覺得自己不夠好。

孩子這些層次的狀態，起自於大人「不一致」的應對。長久以往的應對，孩子不僅吃飯不專注，吃飯成了一種負擔。孩子在其他狀況下，可能遇到「負擔」時，也會顯得不專注，比如功課遇挫折時，就形成了「負擔」；上課聽不懂時，就成了「負擔」；考試有壓力時，也形成了「負擔」。

我跟小女孩的對話，「迅速」的讓她吃完飯了，以「對話」讓她有覺知，以「遊戲」、「提問」讓她正增強，並非我天生就強大。

催促、指責無助於專注

我曾經帶姪兒出國，我們吃住在一起，姪兒吃飯非常慢，一碗飯吃一個鐘頭，我以對話好奇姪兒，但是始終談到他「覺知」，我就沒有更深入的進入，因為我尚未思索，該如何讓姪兒在當下？

結果吃飯的時間到了，姪兒又吃得不專注，我出口的語言都是：吃快一點兒、要專注一些……。

我與一般父母無異，差別在於我有覺知，說了幾句話之後，姪兒依然不專注，我覺察自己語言無效，反而造成姪兒壓力，那麼我為何還要說呢？

如果我沒有覺知，我會將那樣的語言，成為一種慣性，可能抱怨姪兒，但其實無助於現實，因為姪兒也想專注。

我停止了那樣的語言。

我轉而跟姪兒討論，讓他選擇要吃的食物，讓他參與討論食物食材，讓他親自參與手做食物，雖然都小有改善，但是並未更深的專注。

有次我們同桌吃飯，他跟我分享自己觀察：「阿伯，你吃飯的時候，都會說『好好吃』、『真好吃』……」

姪兒的分享讓我訝異，因為我並不知道，餐桌上我這樣說話。我問姪兒：「其他人呢？吃飯會說什麼？」

讓我更驚訝的是，孩子的觀察好仔細，將爸爸、媽媽、叔叔與姑姑吃飯的狀態，說得非常傳神。姪兒提到爸媽吃飯，還要回信給別人，有時候會看手機。這表示孩子用餐文化，並未學習如何專注？他們並未在餐桌上專注的享受食物，專注的享受餐桌氣氛。

我思索該如何改變呢？除了我常陪他吃飯，多一些對話討論，在一次餐廳用餐時，我想該如何覺知咀嚼、覺知味道、覺知食物吞嚥？因而想到咀嚼的活動，成為餐桌上的遊戲，並且以對話互動食物、活動與歷程，彼此都開心極了，他吃飯專注力也提升了。

除了提升吃飯專注力，也讓姪兒改變偏食，願意大膽嘗試食物，願意嘗試過後再決定，而非什麼都不嘗試吃，這又是另外一個故事了。

已經有了姪兒的經驗，看到食堂小女孩，我幾個對話引導，再進行有意識咀嚼，孩子就能覺知當下，也就很快吃完飯了，我認為對話的能力，還有思索如何面對的能力，都是不斷覺知自己，還有不斷練習而來。

第4輯

開展孩子的自我

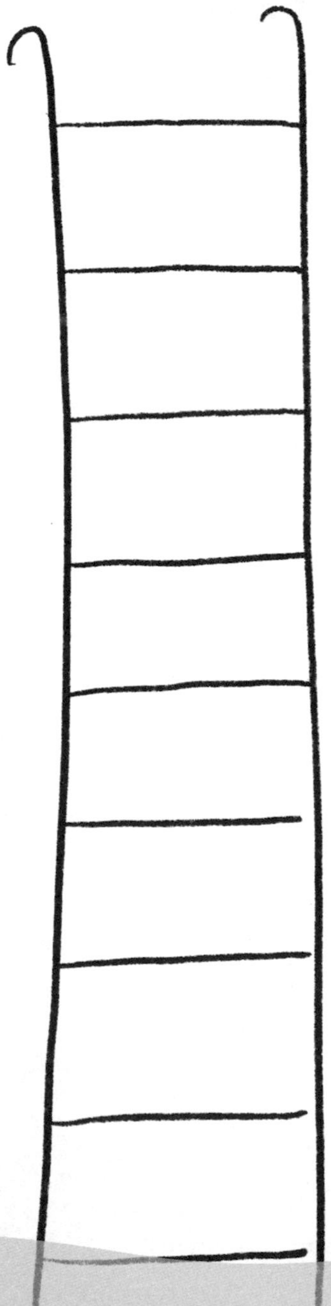

「自我」是內在的能量源，能讓孩子生命穩固，孩子的內在較健康，將更勇於嘗試，並對自己與大人產生信任感。

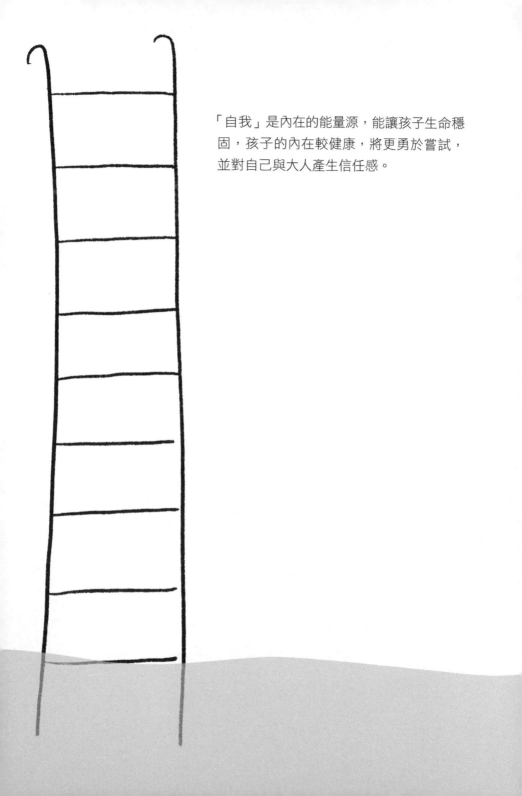

創造好奇的對話

孩子能有自己意見嗎？能有自己的想法嗎？大部分的成人都說可以。

孩子有了自己想法，我們期望孩子敢表達，也懂得尊重他人想法，能將生命活出豐富的狀態，而不只是在腦袋裡悶著，也不是固執己見而已。

也有少部分成人質疑，孩子怎麼會有「好」想法？

事實上古今中外，很多數學家、思想家、科學家與創造者，皆十來歲就取得成就，只要在搜尋引擎上鍵入「年輕發明家」、「年輕數學家」……之類關鍵詞，就能找到非常多資訊。

但是，如何讓孩子擁有、表達自己想法？想法若不正確怎麼辦？

過去我在數本教育書中，陳述讓孩子保有自我，擁有豐富的思辨性，讓孩子擁有覺察力，懂得為自己負責，擁有內在的驅動力，基礎的運用方式即是透過「好奇」對話，有意識的與孩子互動，而不是一味的「說教」，或者只是透過「教導」而已。

因為單向的輸入成效差，容易引起孩子的反彈、忽略與分心。

有意識創造對話

但是稚齡的孩子，誕生到這個世界，不過幾年的光景，他們對自己、對事物，以及對世界的看法，受周遭環境影響甚大，尤其受父母言行影響，雖然年齡不夠成熟，卻也是創造力最強、可塑性最大的階段。

我曾在學校與寫作班教書，發現孩子在敘事、思考與形式上，具有巨大的創造力。因為在文學的引導，以及寫作的解放，採用了更自由的教學，讓孩子開啟了感官，勇於探索更多美的可能。但是，只要提及各類價值觀，思考明顯就侷限了，在給予資訊之外，需要更多提問進入，引導更多元的視野，開啟更多開放性對話，價值觀才變得豐富，思考才變得更多元。究其原因，孩子多半延續父母的想法，尤其是政治立場、公共政策與社會價值，一問之下無一例外，全部承襲自父母觀念。

承襲自父母的觀念，自然有其好處，但是，會遇到什麼侷限呢？

我曾經在課堂上，遇到台灣選舉與公投，班上孩子常私下談論，多半各自有「堅定」立場，甚至會互相問是哪一黨？支持什麼公共政策？擁有何種性別觀念？下課時間甚至互相嗆聲，還有一次幾乎大打出手。當然，也有一大部分孩子事不關己，或者，不知道如何討論？

有些孩子會問我：「老師，你支持哪一政黨？你支持什麼公共政策？」

我常反問他們：「問我支持哪一邊？真正的用意是什麼呢？」

孩子最常給的答案是：「看看老師是不是同一國的？」

我若有時間對話，常跟孩子們探索，問問這些孩子們：「能不能擁有自己意見呢？」

孩子們亦如成人，在概念上會肯定的說：「當然可以呀！但是……」

最有趣的是這個「但是」，我以對話帶他們思索，這個「但是」怎麼來的？造成什麼樣的影響？他們想要的目標是什麼？

孩子們的思考才開始，思考漸漸擴及人類、社會，更核心的價值。

孩子很早確定自己立場，並且爭辯或嗆聲，見到這樣的現象，我有很多的好奇。

我所任教的場域，學校裡多是青少年，寫作班孩子十二歲以內，這麼早就有了定見，選定立場互相爭辯，目標是為了捍衛某個立場，立場是承襲而來的概念，而不是透過思考辯證而來，也不是為了更大目標：幸福、正義、和諧、創造……我感到非常的可惜。

如何培養孩子開放、獨立的思考？關注自己身邊的環境，擁有探索學習的能力？並且，願意傾聽與表達？

即使擁有自己的意見，也能態度更和諧，尊重不同想法的人，甚至也能好奇他人想法，兼容並蓄各種想法，清晰自己的堅持。

這樣的學習圖像與目標，幫助孩子多元探索、多元思考，關注身邊的人與環境，也不忘記關注自己，勇敢表達自己想法。這些需要透過安全的環境，成人的言教與身教示範，還要有意識的對話。

無論是和孩子談話，或者和孩子討論議題，教育者只要有意識，就能更多機會開啟孩子，培養孩子獨立思考能力。

有意識的引導

我的姪兒、姪女自幼害羞，大概其母來自印尼，其父工作較忙碌，又是小家庭人口，較少長輩與孩子互動，個性顯得比較內向。透過大腦神經科學普及，人們瞭解大腦的運作與個性，若是透過大量的互動，孩子較易於與人連結，願意與人更多互動。

因此我鼓勵大量對話，多使用好奇連結彼此，有助於孩子感到安全，更易於與人連結，更願意表達自己想法。

姪兒、姪女正值幼年時，我們每週聚會吃飯，我把握與他們相處時間，聽他們述說生活故事，聽他們發表自己想法，透過好奇對話一來一往，讓他們感覺自己被尊重，敢於表達自己想法，我相信這些童年經驗，應帶來了正面影響。

此外，我透過短暫相聚時間，包括吃飯、聚會與出遊，與他們討論某些議題，包括故事、科學、價值觀……即使他們的想法不成熟，我也認真傾聽其理由，以幽默方式提出各種反問，引得他們重新思索，動手查找網路資訊，因為沒有絕對的答案，互動帶來很多歡樂。

有時我利用寒暑假時間，邀集更多孩子聚會，比如外甥、外甥女，或者同年齡孩子相聚，我會布置一個講台，進行下列的活動：

・邀請他們輪流講故事，最後彼此互相投票，選出最喜歡的故事，陳述喜歡的理由。

・邀請他們查找百科全書，各自找一個感興趣議題，用有趣不枯燥的方式，介紹給眾人知道，並且能清晰陳述內容，彼此投票誰講述最好，並陳述喜歡的理由。

・邀請他們介紹一本書，以有趣的方式陳述，彼此講評誰說得好，陳述出評選的理由。

・邀請他們演一齣戲，透過話劇的方式，或者製作紙人偶、以物品扮演角色，表演給大家觀看。

・邀請他們選一段最喜歡的短片，透過投影機播放出來，介紹給大家為何最喜歡？

孩子們輪流上講台表達，也會有緊張的時刻，也經驗表達不順利狀況，當觀眾的孩子們會等待，也會真誠的給予鼓勵，會後每個人都說說意見，回饋給上台表達者，哪裡表現得很棒？哪裡需要多注意？

上台者也說說自己，認為自己哪兒表達好？哪兒可以再多改進？

這些雙向的表達與傾聽，孩子學習看見自己，也學習看見被看見，學習傾聽不同意見，孩子們得失心變小了，自信心提升了不少。

透過公開陳述的方式，思考如何整理意見，自己動手查找資訊，以有趣方式表達自己，並且傾聽他人的意見，即是一種有意識的訓練。

從孩子六、七歲開始，一直到青少年時期，在有限的聚會場合，我常設計類似的遊戲，一段時間看他們展現，就能看見孩子的成熟，表達越見清晰生動，台風更見自然大方，也帶給我歡樂的時光。

這樣的活動邀請，為什麼孩子願意參與？而且感覺歡樂有趣呢？

關鍵來自孩子童年開始，大人與孩子平等互動，在餐桌上、旅途上、日常散步，或者遊戲上，都有大量好奇對話交織。因此當我有意識的安排，看似課堂安排的活動，孩子們看來就像遊戲，他們也參與活動設計。

公開表達意見的練習，進行的有意識活動，孩子們願意歡喜參與，我歸納最重要的原因：這些活動不像任務，而是有趣的一個活動。

當孩子們與我相處，我常突如其來的靈感，進行彼此參與的活動，比如我還設計奇特運動比賽：臀部行走、椅子接力……一起看動畫片與電影，有時一起玩玩桌遊，一起窩在書房讀書……因此上台說故事與表演，只是其中一個活動而已。

隨著孩子年齡漸長，姪兒、姪女與人互動自然，帶他們出去旅行時，早年去買東西都害羞，後來逐漸變得大方，姪兒十一歲的寒假，我帶他參與營隊，因此一同到外地住飯店，見他跟旅館守衛招呼，跟坐旁邊的陌生姊姊道再見，讓我感到無比驚訝，因為我們從未如此教導。

他們參與說故事營隊，上台表達自然且大方，故事說得很流暢，也很有自己的想法；甚至一次戶外教學，全班去科博館參訪，回校後老師詢問全班，誰願意上台講參訪心得？班上只有姪兒舉手，主動上台向全班報告，老師也感到十分驚訝。他願意歡喜的表達，自己不感到害羞，這是我樂見的結果，我認為這應該是平常對話，以及相聚時進行的活動，帶來正向的影響。

讓孩子練習做決定

期望孩子獨立思考，勇敢的表達自己，傾聽他人的想法。那麼，孩子需要被允許表達，被允許有自己意見，也同時被大人傾聽，讓孩子感覺被尊重，感覺身為人的價值，這是孩子冰山底層「自我」、「大我」的連結，也就是定義自己「我是誰？」我如何與世界連結？所以，大人平常與孩子的互動，能更多和諧態度，更多專注對話互動，就顯得非常重要。

然而孩子自我的發展，即是自我如何連結，自我如何感受到價值？是冰山「渴望」以下層次（圖一），擁有穩固的根基，是生命力的來源，創造人思考、感受、行動的根源。

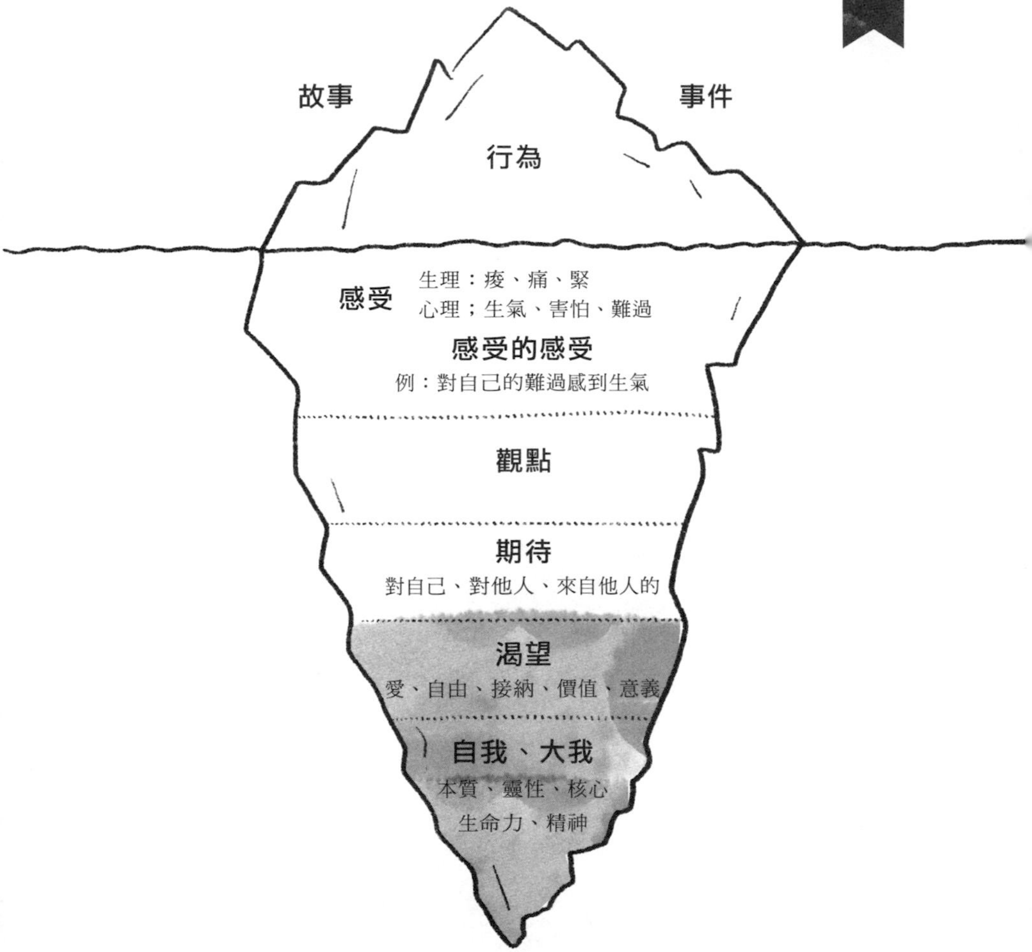
故事
事件
行為
感受
生理：痠、痛、緊
心理；生氣、害怕、難過
感受的感受
例：對自己的難過感到生氣
觀點
期待
對自己、對他人、來自他人的
渴望
愛、自由、接納、價值、意義
自我、大我
本質、靈性、核心
生命力、精神

從冰山的「渴望」以上層次，到冰山水平面下（圖二），是自我感受的連結，自我的思考運作，包含冰山中的「感受」、「觀點」與「期待」，這部分是能被意識的部分，亦即腦袋裡的想法，身心能意識的感官，一個孩子的內心世界。

若是冰山底層的「渴望」、「自我」能穩固，那麼孩子的內在就穩定。

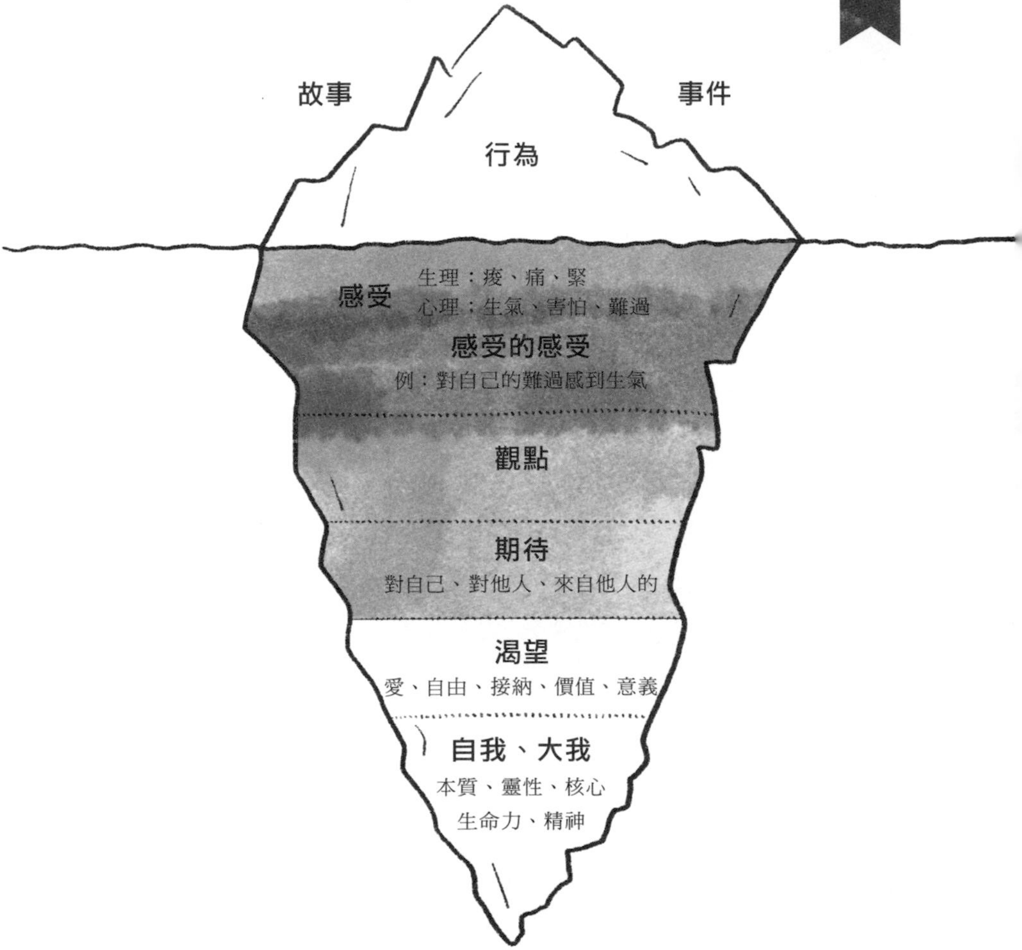
故事
事件
行為
感受
生理：痠、痛、緊
心理：生氣、害怕、難過
感受的感受
例：對自己的難過感到生氣
觀點
期待
對自己、對他人、來自他人的
渴望
愛、自由、接納、價值、意義
自我、大我
本質、靈性、核心
生命力、精神

冰山水平面之上的應對（圖三），自我的行動展現，則是孩子如何表達？孩子如何聆聽他人？如何反應他人的行動？如何面對一個事物？

也就是孩子的內在，是如何表現出來的？

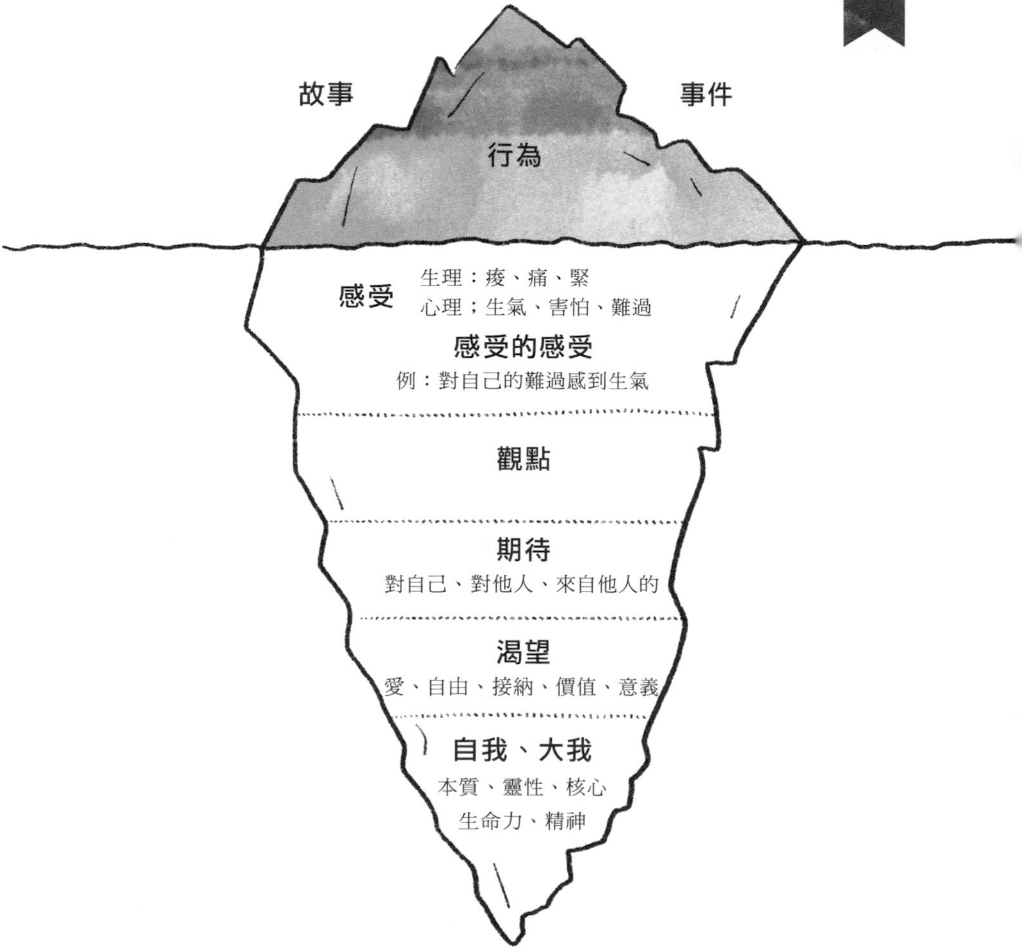
故事
事件
行為
感受
生理：疼、痛、緊
心理；生氣、害怕、難過
感受的感受
例：對自己的難過感到生氣
觀點
期待
對自己、對他人、來自他人的
渴望
愛、自由、接納、價值、意義
自我、大我
本質、靈性、核心
生命力、精神

刻意創造做決定的機會

孩子在什麼情況下，能為自己做決定？為自己做決定時，若與大人的決定不同，是可以被接受的嗎？是可以表達與討論的嗎？

孩子的冰山各層次，包括生命力的體驗，內在的思考與感受，以及他的行動、表達與應對，受他經歷成長經驗影響，根據腦神經科學研究，外界給予的正負向刺激，年齡越小受到的影響越大。

幼兒期成長經驗對冰山影響大

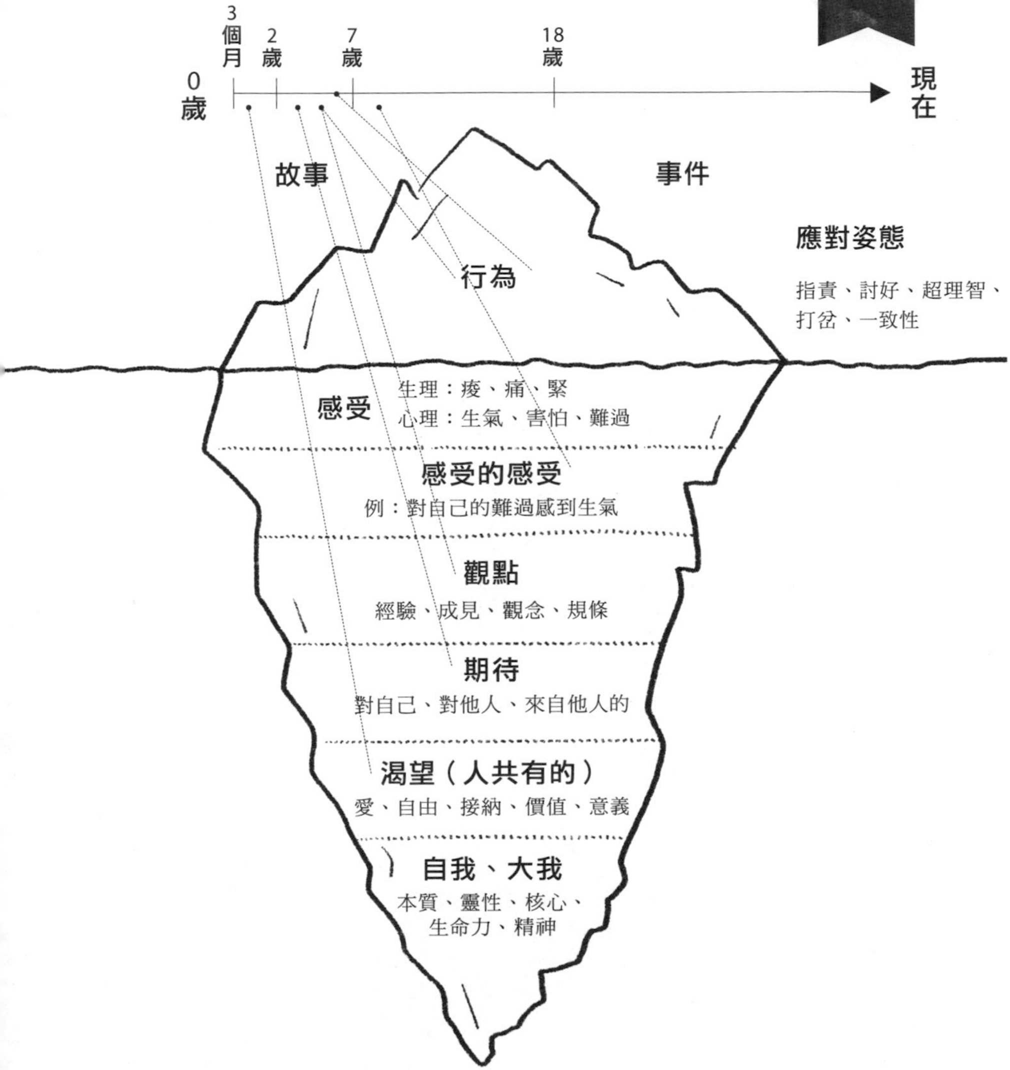

孩子從小需學會服從，這是秩序的一部分，還需要發展孩子自我。「自我」是內在的能量源，是以「渴望」層次的愛、接納、價值、意義與自由撐起來，所形成的內在秩序，能讓孩子生命穩固，孩子的內在較健康，孩子將更勇於嘗試。若是落實在日常中，大人除了平常的應對，不妨刻意創造機會，給予孩子發展空間。

我曾在山中學校任教，學校的創辦人老鬍子曾設計一堂課，學校提供每人三千五百元旅費，為期五天的戶外旅遊，由一位教師帶領七、八位孩子，由孩子決定去哪裡？住在什麼旅館？行程怎麼規劃？吃什麼餐廳？無論行程適不適合，都由孩子討論與訂票，大人只要陪同討論，以及參與行程就行了，這是訓練孩子做決定。

因此有的組別決定行程舒適，選擇住在好旅館，大夥兒自掏腰包，為了擁有愉悅的享受；有的組別則是騎單車，帶著帳篷去露營，自備爐頭開伙煮食，省下的旅費存起來，為的是存錢買玩具。

每個組別都有故事，也發生不少衝突，因為價值觀被衝撞，比如「戶外旅遊教學目的是什麼？」、「什麼樣的行程才叫好玩？」、「好吃的美食價格是多少？」、「什麼才是旅行？」、「為何到墾丁要去爬山，不是該泡在海水裡嗎？」、「夏天為什麼去洗溫泉，不是該避暑嗎？」、「為什麼旅行要走路，而不是搭車？」……這些意見談著談著，就牽涉到了價值觀，牽涉到過去的習慣，思維也在此被擴張。

有時，孩子提出意見不被支持，價值觀不被同意，但他們整合這些意見，彼此提出自己想法，投票之後決定行程，終究完成學校規定的「戶外旅遊」，因為這是一門課程。

有時行程也有意外，比如車票訂不到、旅館沒聯絡好、行程不如預期好玩，但是每個學生都參與了，這些歷程讓我印象深刻。

當意見與大人不同

有鑑於山中的經驗，我也與姪兒、姪女討論，午飯後該怎麼安排？該上哪裡吃飯？散步該走哪一條路？想看哪一部電影？出國行程該走哪裡？

開始問孩子意見，孩子不大敢表達，或者沒有想法表達，漸漸資訊越來越豐富，知識與經驗也越多了，知道想法被允許說出來，也就越來越能說意見，越來越有自己想法了。

當孩子越來越有意見，但是意見與大人不同，大人要區分彼此界線，意即他們可以「決定自己」，要學習接納彼此不同，而不是出手予以制止、指正、教導，或者「藉好奇之名，行教導之實」，這是大人的一門功課。

我曾帶姪兒、姪女出遊，旅程中給他們一筆零用錢，請他們自由花費，讓他們享有購物「決定權」。

觀看孩子使用金錢，決定要買什麼東西？實在太有趣了，但是對有些人可能很折磨。比如姪兒在旅途中，看來看去都不想買，但是一出手的物品，卻是一件稍貴的小物，那不是我會做的決定，不是我覺得有價值之物，也不是我花錢的方式，因為旅行零用錢一千六百元，他瞬間噴掉兩百元，他的決定對我而言很大膽。

再看姪女的旅行花費，她每次進入商店，便會站在零食區，對著各式糖果審視，買下零食大快朵頤，我不希望她吃零食，不過只能尊重她的決定，但日後我會設下規定，旅行零用錢不能買「糖」。她還看見夾娃娃機，娃娃機裡的布偶很可愛，她決定投幣試試看，但是，我很不喜歡夾娃娃，我的觀點裡那是「投機」行為，因此她決定去夾娃娃，對我也是個挑戰，但不像糖果對健康有影響，因此我放手讓她去玩。

我站在她身旁觀看，看著她一次次落空，試探性問問她：「還要再夾嗎？」每次看她點點頭說「要」，我感覺心都「揪」了一下，我仍然允許她做決定。

後來，她總共夾了四次，四次都落空，最後決定不再夾了。她望著可愛的娃娃嘆息，這時我才跟她討論，怎麼決定不夾了？夾娃娃的風險是什麼？「夾」的本身得到的失落與驚奇，都是遊戲帶來的一部分，她投的硬幣在買失落與驚奇，她可以承擔的風險有多少？

有意思的是，日後再看到娃娃機，我問她還要夾嗎？姪女搖頭拒絕了，她不想承擔失落的風險，因為當她從事投機的舉動，她沒有成功的經驗。

當孩子有了自己想法，也敢於表達意見，很可能跟大人不同，對父母都是一番考驗，即使是日常生活亦然。

當我們出去旅行，就寢的時間到了，姪兒未帶睡衣褲出門，我請他脫掉外出褲，睡覺比較舒服且放鬆，但是姪兒不願意聽從，他說自己喜歡這樣睡，面對我陳述穿內衣褲睡覺的理由，他並未反彈或不悅，但依然選擇自己的決定。他已經十二歲的年紀，我決定不再堅持，睡覺是他的權利，讓他自己決定吧！當我們搭乘交通工具，我安排他與我坐一起，他表達想與妹妹坐一起，我欣然答應之餘，也意識到他真的長大了，能清晰自然的表達意見，即使與我的想法不同。

幼兒也能練習思辨

成長階段的幼兒們，需要父母的教導，熟悉所處世界的秩序，父母在教導之餘，平常多一些專注對話，在家庭搭建思考與表達舞台，對孩子內在影響極大，也會留下美好的回憶。

幼兒園也能建構這樣場域，比如幼兒園「學思達教學」，就是引導幼兒對知識的自學思考與表達，或者專為幼兒開設思辨、哲學與辯論課程，都是為幼兒搭建舞台。

雨果幼兒園有主題課程，主題課程是讓孩子主導，發展的活動內容，會因當時孩子的興趣有所不同，例如：分組、發表、宣傳、戲劇表演、訪問、買賣……有時也會有社會議題。

以公共性議題，或者社會性議題，引導孩子認識之餘，甚至進行辯論活動，讓他們透過辯證方式，認識自己的環境，也認識他人的想法，比如台灣的公共政策，關於核能公投議題。

核能議題發展成辯論，有一個歷程的演變，當時有一則新聞「核能核去核從」，關於核廢料的處理，過去搬到蘭嶼掩埋，引起蘭嶼居民的反對，這個議題從新聞開始，大班進行「乾淨的能源」主題，成為一個有趣的話題，漸漸成為一堂有意思的課程。針對核能發電的資訊，孩子的提問非常多。

帶孩子認識電力，認識過去如何發電？瞭解利用核能發電，認識新的綠能發電，這個過程很漫長。因為孩子是一張白紙，對任何資訊都不理解，需要不少背景補充，但是他們對環境有感覺，幫助孩子從感官出發，引導進入概念的理解，每天都帶領一些資訊，每天都帶著提問，讓孩子認識這塊土地，瞭解自己使用的電力，經歷了什麼樣的改變？有什麼樣的歷史？經過什麼樣的決策？負擔了什麼代價？

雨果是「萌發式主題教學」，根據孩子的生活經驗與興趣，引導孩子進行學習。有一屆大班進行「乾淨的能源」主題，孩子從摩擦力引發興趣，經過一學期的探究，師生互動與討論，孩子們越走越聚焦，不斷從實作中發展成孩子的「太陽能鍋方案」。

幼兒園的孩子們，自己設計太陽能鍋，這是一個有趣的活動，孩子彷彿在玩遊戲，嘗試以太陽能鍋烹煮食物，過程中孩子也經歷失敗，由老師帶領參與討論，老師協助孩子整理成文字，最後成功將蛋與肉煮熟。孩子們將之繪成經驗圖表，到別班去分享學習歷程。與此同時，《文茜的世界周報》節目報導COP25聯合國氣候變化大會，節目裡介紹太陽能炊具，專家發展完全零碳排的設計，與孩子們的太陽能鍋，有相同的展現成果，運用同樣的主概念：「讓光線反射，集中到同一個區域、變成一個溫室，使用黑色的鍋具，以捕捉其熱能。」

孩子的思考與創造力，本就擁有巨大的能量。當這些背景與資訊充足，幼兒園的孩子也有想法，對於台灣發電的議題，也就更能理解與關心了，為何要討論「核電廠存廢」？為何發展成公投議題？他們因為逐漸認識了，也就有了自己的意見，在課堂上自然就有了辯論，彷彿是在解決重要議題般，大家有模有樣的討論著，事實上他們都是幼兒園孩子，有不少孩子將議題帶回家，聽聽父母怎麼說？有的孩子將意見帶入課堂，有的孩子將課堂意見帶回家中，形成有意思的交流。

發言與傾聽素養

教師設計了相關的學習，孩子很自然的分成兩種意見，因為班上孩子你一言我一語，各自陳述著自己想法，教師乾脆按照意願分成兩組，即是同意核能發電組，以及反對核能發電組，孩子自然分成兩組，辯論課程的雛形就此形成。

孩子們的童言童語，一開始的陳述很天真，另一部分可能是父母想法，但是無論想法怎麼來的，都得面臨對方的意見，需要重新消化與表達，都會整合出對核能議題的認識。

孩子雖然僅有五、六歲，對核能議題認識，可能達到一般人的水平，擁核者無非是缺電，能有效率且快速得到電力，減少對空氣的污染；反核者無非是核廢料，核能輻射安全的顧慮，對新能源的開發。

比較有趣的是想像，挺核者處理核廢料，可以丟到外太空，可以埋在地下兩萬里，可以培養維生物分解，堅持核廢料可以解決；反核者除了反對，還將陣線拉到綠能開發，提供解決的方案，都顯得很有意思。有的孩子也會堅持立場，更有的孩子會被說服，轉向支持另一個陣營。

孩子們在課堂辯論，也會熱情的表達與捍衛，但發言與傾聽的素養，都經過教師的引導，學習如何發言與尊重他人，課後大家仍然玩在一起，不因擁核與反核觀點不同，而不跟對方講話或交惡。

教師們告訴我，「乾淨的能源」主題，從認識環境出發，發展成一門辯論課程，發現幼兒也能整合、有邏輯的表達自己思考，除了學會表達之外，也學會了靜下心來，去聆聽別人怎麼想。無論是贊同的意見，或者反對的意見，都能夠更深入理解。孩子們更能貼近生活，關注大人談論的議題，逐漸形成自己的想法。

一個議題的形成，一直到辯論課程，通常會持續一學期，在這個過程裡面，發現孩子更能表達了，不只是辯論課程，連帶一般課程活動也如此，甚至回到家中，也更能參與大人談話。孩子們上了小學之後，據家長傳遞的訊息，都更懂得思考與表達。

辯論課程的討論，甚至影響了日常，比如孩子之間有爭論，會有孩子說誰先說？說完了之後再換誰說？誰的意思是不是這樣？回到家中的言談，父母也發現很大的不同。有家長跟教師分享，孩子回家與爸爸談話，媽媽突然急著要插話，孩子跟媽媽說：「媽媽對不起，現在我跟爸爸還在講，要請妳等一下。」

孩子對自我的認識，跟周遭人的連結，透過思考整合表達，都是人生中重要的部分，無論是家庭的父母，或者是學校的教育，都能有意識的進行，幫助孩子更多的成長。

練心：李崇建與雨果幼兒園的薩提爾教育實踐/李崇建, 林文煌著. -- 第一版. -- 臺北市：親子天下股份有限公司, 2022.05
面；　公分. -- (學習與教育；232)
ISBN 978-626-305-224-6(平裝)

1.CST: 親職教育 2.CST: 子女教育

528.2　　111005510

學習與教育233

練心

李崇建與雨果幼兒園的薩提爾教育實踐

作者／李崇建、林文煌
責任編輯／許翠瑄
編輯協力／陳珮雯
校對／魏秋綢
封面、版型設計／ Bianco Tsai
內頁排版／立全電腦印前排版有限公司
行銷企劃／蔡晨欣

天下雜誌群創辦人／殷允芃
董事長兼執行長／何琦瑜
媒體產品事業群
總經理／游玉雪
總監／李佩芬
版權主任／何晨瑋、黃微真

出版者／親子天下股份有限公司
地址／台北市104建國北路一段96號4樓
電話／（02）2509-2800　傳真／（02）2509-2462
網址／ www.parenting.com.tw
讀者服務專線／（02）2662-0332　週一～週五：09:00~17:30
讀者服務傳真／（02）2662-6048
客服信箱／ parenting@cw.com.tw
法律顧問／台英國際商務法律事務所・羅明通律師
製版印刷／中原造像股份有限公司
總經銷／大和圖書有限公司　電話：（02）8990-2588

出版日期／ 2022年 5 月第一版第一次印行
2022年11月第一版第三次印行
定　價／ 400元
書　號／ BKEE0233P
ISBN ／ 978-626-305-224-6（平裝）
